T0364826

Birkhäuser

Baukonstruktionen
Band 5

Herausgegeben von
Anton Pech

Anton Pech
Andreas Kolbitsch
Franz Zach

Decken
zweite, aktualisierte Auflage

unter Mitarbeit von
Karlheinz HOLLINSKY
Markus VILL

Birkhäuser
Basel

FH-Hon.Prof. Dipl.-Ing. Dr. techn. Anton Pech
Univ.-Prof. Dipl.-Ing. Dr. techn. Andreas Kolbitsch
Dipl.-Ing. Dr. techn. Franz Zach
Wien, Österreich

unter Mitarbeit von
Dipl.-Ing. Karlheinz Hollinsky
FH-Prof. Dipl.-Ing. Dr. techn. Markus Vill
Wien, Österreich

Acquisitions Editor: David Marold, Birkhäuser Verlag, Wien, Österreich
Project and Production Editor: Angelika Gaal, Birkhäuser Verlag, Wien, Österreich
Korrektorat: Monika Paff, Langenfeld, Deutschland
Layout und Satz: Dr. Pech Ziviltechniker GmbH, Wien, Österreich
Reihencover: Sven Schrape, Berlin, Deutschland
Druck und Bindearbeiten: BELTZ Bad Langensalza GmbH, Bad Langensalza, Deutschland

Bibliografische Information der Deutschen Nationalbibliothek
Die Deutsche Nationalbibliothek verzeichnet diese Publikation in der Deutschen Nationalbibliografie;
detaillierte bibliografische Daten sind im Internet über http://dnb.dnb.de abrufbar.

Der Abdruck der zitierten ÖNORMen erfolgt mit Genehmigung des Austrian Standards Institute (ASI),
Heinestraße 38, 1020 Wien.
Benutzungshinweis: ASI Austrian Standards Institute, Heinestraße 38, 1020 Wien.
Tel.: +43-1-21300-300, E-Mail: sales@austrian-standards.at

Fehler können passieren! Um etwaige Korrekturen schon vor der Neuauflage einzusehen, gehen Sie bitte
auf www.zt-pech.at und navigieren Sie zur Titelseite Ihres Buches. Dort finden Sie, falls Druckfehler bekannt
sind, unter dem Inhaltsverzeichnis den Link „Druckfehlerberichtigung". Laden Sie dort Ihr Korrektur-PDF für
die aktuelle Auflage des Bandes herunter.

ISBN 978-3-0356-2135-8 (2. Auflage, Birkhäuser)
ISBN 978-3-211-25250-9 (1. Auflage, Springer 2006)
e-ISBN (PDF) 978-3-0356-2138-9
ISSN 1614-1288

© 2021 Birkhäuser Verlag GmbH, Basel
Postfach 44, 4009 Basel, Schweiz
Ein Unternehmen der Walter de Gruyter GmbH, Berlin/Boston

9 8 7 6 5 4 3 2   www.birkhauser.com

Vorwort

zur 1. Auflage

Die Fachbuchreihe Baukonstruktionen mit ihren 17 Basisbänden stellt eine Zusammenfassung des derzeitigen technischen Wissens bei der Errichtung von Bauwerken des Hochbaues dar. Es wird versucht, mit einfachen Zusammenhängen oft komplexe Bereiche des Bauwesens zu erläutern und mit zahlreichen Plänen, Skizzen und Bildern zu veranschaulichen.

Deckenkonstruktionen sind sehr oft das wesentliche Konstruktionselement beim Tragwerksentwurf von Hochbauten und in zunehmendem Maße mitentscheidend für die wirtschaftliche Umsetzung von Bauaufgaben bei Wohn- und Geschäfts- häusern. Ausgehend von den historischen Gewölbekonstruktionen einerseits und den traditionellen Balkendecken andererseits wird eine Typologie aktueller Deckenkonstruktionen abgeleitet, die in die detaillierte Behandlung von häufig verwendeten Konstruktionsformen und Deckenaufbauten wie Massivdecken, Holzdecken und Verbunddecken mit den aktuellen Fußbodenkonstruktionen weiterleitet. Einfache Bemessungsansätze basierend auf den aktuellen Normen sowie Dimensionierungshilfen für Abschätzungen ergänzen die einzelnen Konstruktionsformen. Um den oft komplexen bauphysikalischen Zusammenhängen bei den aus mehreren Schichten bestehenden Deckensystemen gerecht zu werden, sind Standardaufbauten mit ihren wärme- und schalltechnischen Eigenschaften angegeben. Balkone und Loggien werden aufgrund ihrer konstruktiven und bauphysikalischen Sonderstellung in einem eigenen Abschnitt behandelt.

Der Herausgeber

zur 2. Auflage

Nachdem die Fachbuchreihe Baukonstruktionen mit ihren 17 Basisbänden eine Zusammenfassung des derzeitigen technischen Wissens bei der Errichtung von Bauwerken des Hochbaus darstellen soll, waren durch die Änderungen an der Normung und den gesetzlichen Vorgaben Anpassungen der Inhalte erforderlich. Das Ziel der Fachbuchreihe ist weiterhin, mit einfachen Zusammenhängen oft komplexe Bereiche des Bauwesens zu erläutern und mit zahlreichen Plänen, Skizzen und Bildern darzustellen und zu veranschaulichen. Bedingt durch Covid19 und die damit verbundenen Betriebsein- schränkungen, war es bis zum Redaktionsschluss leider nicht möglich für alle Bilddarstellungen Aktualisierungen zu erhalten.

Wie schon im Vorwort zur ersten Auflage beschrieben, sind Decken ein wesentliches Konstruktionselement beim Tragwerksentwurf und mitentscheidend für die wirschaftliche Umsetzung von Bauaufgaben. Der Basisband wird hauptsächlich ergänzt durch die aktuellen Bemessungsansätze und einige Neuerungen bei der Deckenherstellung. Zu den Materialien Ziegel und Holz konnten die Sonderbände „Ziegel im Hochbau", erschienen in der 2. Auflage 2018, und „Holz im Hochbau" in der 1. Auflage 2016 veröffentlicht werden. Diese Sonderbände bieten einen noch detaillierteren Überblick über die jeweiligen Anwendungsbereiche von Ziegel- und Holzdecken sowie Holz-Beton-Verbunddecken.

Der Herausgeber

Fachbuchreihe BAUKONSTRUKTIONEN

Inhaltsverzeichnis Band 5: Decken

Grundlagen

Durch die Anforderung zur Vervielfachung der überbauten Grundfläche und der Stapelung von Nutzraum hat sich die mehrgeschoßige Bauweise entwickelt, die zur Lastabtragung und zum Raumabschluss Deckenkonstruktionen benötigt. Eine wesentliche Bauaufgabe war damit die Überspannung der Räume durch Decken, die sich im Laufe der Zeit immer weiterentwickelte und eine Reihe von Anforderungen erfüllen muss.

- geringes Eigengewicht (kleinere Transportkosten, schlankere Tragelemente, einfachere Fundierung)
- Tragfähigkeit (Erzielung großer Spannweiten bzw. Aufnahme hoher Lasten)
- Scheibentragwirkung (Wirkung als Bauwerksaussteifung und horizontaler Raumabschluss)
- Steifigkeit, Gebrauchstauglichkeit (Vermeidung größerer Durchbiegungen, Schwingungsanfälligkeit)
- Schallschutz
- Brandschutz
- Wärmeschutz (winterlich und sommerlicher)
- geringe Bauhöhe (optimale Nutzung der verfügbaren Baukubatur)
- einfache Herstellung

Diese vielfältigen Anforderungen führten dazu, die Hauptfunktion „Tragen" von den anderen Funktionen wie „Dämmen" oder „optisch Trennen" zu lösen und die Deckenkonstruktion, wie auch bei den Wandkonstruktionen, mehrschichtig auszuführen.

- – Oberschicht: gesamte Fußbodenkonstruktion samt Belag, Hohlraumboden
- – die eigentliche Tragschicht oder das Tragwerk
- – gegebenenfalls eine Unterschicht: Deckenputz oder abgehängte Deckenverkleidungen, Unterdecken

Abbildung 050|1-01: Decken – Funktionen, Niveaus, Schichten

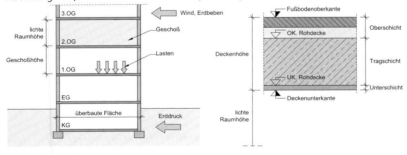

Abbildung 050|1-02: ein- und mehrschichtige Decken

einschichtig

zweischichtig

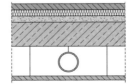 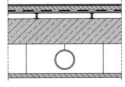
dreischichtig

Eine wesentliche Aufgabe in der mehrgeschoßigen Bauweise ist die Überspannung der Räume durch Decken.

Vielfältige Anforderungen führten dazu die Deckenkonstruktion sowie Wandkonstruktionen mehrschichtig auszuführen.

Erst ein mehrschichtiger Aufbau gewährleistet auch wirtschaftliche Lösungen. Einschichtige Decken bestehen aus der tragenden Rohdecke, einer oberen Ausgleichsschicht und eventuell einer dünnen unteren Putzschicht. Zweischichtige Decken werden aus der Rohdecke und dem darüberliegenden Fußbodenaufbau gebildet. Die elastische Dämmschicht über der Rohdecke dient bei schwimmenden Fußböden der Schall- und Wärmedämmung. Bei dreischichtigen Decken kommt als dritte Schicht die Unterdecke oder eine abgehängte Deckenkonstruktion hinzu. Einerseits wird dadurch Raum für die horizontale Installationsführung geschaffen, andererseits wird der Schallschutz der Decke durch Einsatz von speziellen Verkleidungselementen verbessert.

Geschichtliche Entwicklung

Seit dem Bestehen der Menschheit ist das Bauen von Behausungen eine der grundlegenden Kunstfertigkeiten von Gesellschaften. Die ersten Behausungen dienten dem Schutz vor der Witterung, die Wahl der Materialien war von dem Angebot der Natur bestimmt. Deckenkonstruktionen sind Grundelemente von Bauwerken, die man beispielsweise schon bei urgeschichtlichen Pfahlbauten zur Überspannung der Wasserfläche findet. Mit dem Erreichen einer bestimmten kulturellen Stufe entstanden, vor allem aus religiösen Bedürfnissen, auch komplexere Bauten mit weiter gespannten Eindeckungen und Nebenräumen. Das Konstruktionsprinzip des Biegebalkens bildete die Basis der unterschiedlichsten konstruktiven Lösungen im Holzbau. Bei Kulturbauten in den entstehenden Metropolen der ersten organisierten Reiche wurden auch natürliche oder künstliche Steine derart geschlichtet bzw. gemauert, dass sich Stützwirkungen erzielen ließen, und in weiterer Folge auch Bogenkonstruktionen zur Überdeckung von Basisgeschoßen gebaut. Der Aspekt der Dauerhaftigkeit war genauso wesentlich wie die Frage der Verfügbarkeit des Baumaterials. Waren in den frühen Kulturen zwei- bis dreigeschoßige Gebäude ausreichend, entstanden im Rom der Kaiserzeit schon richtige „Hochhäuser" mit sechs Geschoßen und mehr. Obwohl Ziegel der Wandbaustoff schlechthin und Beton in seiner frühen Form durchaus schon bekannt waren, blieben Holzbalkendecken die Regel. Große, weite Stadtteile zerstörende Brände zeugen von der vorhandenen großen Brandlast auf engstem Raum. Die Situation wurde in den mittelalterlichen Städten nicht besser, die Angst vor dem Feuer manifestierte sich in den frühesten Bauvorschriften und erklärt auch, warum bis vor kurzem dem Baustoff Holz der Makel von übermäßiger Gefahr anhing.

Die ersten Deckenkonstruktionen findet man schon bei urgeschichtlichen Pfahlbauten.

Das Konstruktionsprinzip des Biegebalkens bildet die Basis der unterschiedlichsten konstruktiven Lösungen im Holzbau.

Abhängig von der geografischen Lage und der sich schon herausgebildeten Bautradition wurden im Wohnbau für Wände unterschiedliche Bauweisen, die ursprünglichen Holzkonstruktionen ergänzend oder sogar substituierend, ausgeführt. Decken jedoch blieben aus Holz, die Ausnahmen bildeten die massiven Überwölbungen von Kellern und natürlich Prunkbauten. Erst mit der Industrialisierung und mit der größeren Verfügbarkeit von Eisen bemühte man sich, Ersatzbauweisen zumindest bei größeren oder bedeutenderen Bauten von Wohn- und Geschäftshäusern oder in Bereichen erhöhter Gefährdung einzuführen, so beispielsweise die „Platzldecke" aus zwischen Eisenträgern gewölbten flachen Ziegelgewölben. Bis in das letzte Viertel des 19. Jahrhunderts (etwa bis 1880) sowie bei Wohnbauten bis 1918 waren praktisch nur drei Deckentypen vorherrschend, die Dippelbaumdecke, deren große Tragfähigkeit als letzte Decke unter dem Dach Brandschutz und Trümmerlastaufnahme gewährleisten konnte, die Balken- oder Tramdecken als Regeldecken und massive Decken im Treppenhaus und den unteren Geschoßen (Ziegel-kappendecken sowie Gewölbe im Kellerbereich). Für Dippelbaumdecken verwendete man unmittelbar aneinander liegende, miteinander verdübelte Holzbalken. Erfolgreich war jedoch der um die Wende des 19. Jahrhunderts erstmalig in größerem Umfang angewendete Baustoff Beton, der durch Stabeisen ergänzt und verstärkt eine erstaunliche Tragfähigkeit zeigte. War man zu Beginn auch von den bisher ausgeführten Deckenformen aus Holzbalken mit darüber liegender, nichttragender Schalung geprägt und konstruierte diese Formen sinngemäß nach, entwickelten sich recht rasch materialgerechte Ausführungsformen.

Ab ca. 1900 wurde erstmalig in größerem Umfang der Baustoff Beton angewendet, der durch Stabeisen ergänzt und verstärkt zum Eisenbeton wurde und eine erstaunliche Tragfähigkeit zeigte.

Abbildung 050|1-03: geschichtliche Entwicklung der Deckensysteme

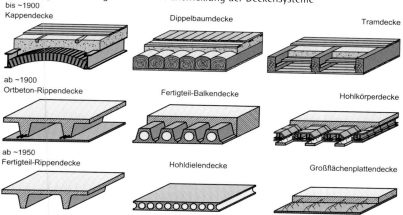

Die Mangelwirtschaft der Zwischen- wie auch der Nachkriegszeit initiierte viele Versuche, teure Rohstoffe durch vorhandene, billigere Stoffe wie beispielsweise Ziegelsplitt für Füllkörper von Betondecken zu ersetzen. Auch erinnerte man sich an das gute Tragvermögen von Holz und versuchte auch damit, optimierte Kombinationen abseits von Beton und Stahl zu entwickeln. Die neuen Impulsgeber der Entwicklung der letzten Jahrzehnte hatten das verstärkte Bemühen, teure Bauzeit auf der Baustelle durch billigere und vor allem qualitätsgesicherte Herstellungsmethoden zu ersetzen. Eine große Zahl von Fertigteilsystemen (aber auch Teilmontagedecken) drängte auf den Markt. Gemeinsam mit der raschen Weiterentwicklung der technischen „Machbarkeit" und den ebenso rasant fortschreitenden wissenschaftlichen Erkenntnissen zum Tragverhalten von vorgespannten Systemen oder Verbundkonstruktionen standen bald auch technologisch hochwertige Systeme kostengünstig zur Verfügung und verdrängten die konventionelle Ortbetondecke zunehmend vom Markt. Bei mehrgeschoßigen Bauwerken waren, nachdem alternative Deckensysteme erhöhten Brandschutz bzw. die Unbrennbarkeit der Konstruktionsstoffe boten, die alten Holzdeckenkonstruktionen praktisch nicht mehr anwendbar. In einem sich wandelnden gesellschaftlichem Umfeld (Umweltbewusstsein) sowie durch das Einbeziehen neuer Bauweisen und weitergehender Erkenntnisse aus Brandversuchen platziert die holzver-arbeitende Industrie in den letzten Jahren verstärkt innovative Produkte auch für Decken, die für drei- bis viergeschoßige Wohnbauten Anwendung finden. Parallel mit diesen Entwicklungen kam es auch zu immer komplexeren Forderungen bauphysikalischer Natur – Wärme- bzw. Schallschutz –, die sich nur mehr durch mehrschalige Deckenaufbauten realisieren lassen. Je weiter

Erhöhte Brandschutz-anforderungen und die Unbrennbarkeit alternativer Konstruktionsstoffe machten die alten Holzdecken-konstruktionen praktisch nicht mehr anwendbar.

man sich von den traditionellen Bauweisen entfernt, je mehr man auch unterschiedliche Bauformen miteinander kombiniert, desto wichtiger wird es, konstruktive Vorgaben zu definieren um das Funktionieren des Gebäudes als Gesamtheit zu gewährleisten.

Statische Anforderungen

050|1|2

Die Hauptaufgabe von Decken besteht neben der Bildung des Raumabschlusses aus dem Abtragen der ständigen Lasten aus dem Eigengewicht der Konstruktion, dem Fußbodenaufbau und Deckenuntersichten sowie von veränderlichen Nutzlasten (Möblierung, Nutzung durch Personen, leichte Trennwände etc.). Ergänzend gilt die Anforderung, die Durchbiegung der Konstruktion unter Gebrauch zu begrenzen. Diese Forderung folgt der Zielvorstellung, aus den Verformungen resultierende Schäden wie Risse in Zwischenwänden oder Deckenuntersichten gering zu halten bzw. zu verhindern. Damit verbunden ist auch die Anforderung, das Schwingungsverhalten von leichten Deckenkonstruktionen zu begrenzen.

Eine ebenso wesentliche Funktion der Decke liegt in der Übertragung von Horizontalkräften (Wind, Erdbeben, Erd- und Wasserdruck etc.) auf die aussteifenden Wände, also die Wirkung als aussteifende, lastweiterleitende „schubsteife" Scheibe. Diese Schubsteifigkeit muss bei Deckensystemen aus Einzelbauteilen durch Anordnung von Verschließungen und Rosten erzielt werden. Letztlich sind Deckenkonstruktionen so auszuführen, dass sie auch im Falle eines Brandes eine ausreichende Tragfähigkeit zumindest für den Zeitraum der Rettungsaktion aufweisen.

Deckenkonstruktionen sind so auszuführen, dass sie auch im Falle eines Brandes eine ausreichende Tragfähigkeit aufweisen.

Tragweisen

050|1|2|1

Bei Decken lassen sich hinsichtlich ihrer Tragweise drei prinzipielle Konstruktionsformen unterscheiden, die durch die Gestaltung der tragenden Deckenquerschnitte gekennzeichnet sind:

- Balkendecken: Die nur untergeordnet beanspruchten Sekundärtragelemente (Schalungen, Füllplatten u. a.) liegen auf den stabförmigen Tragelementen (Balken, Unterzüge) auf, ohne ein statisches Zusammenwirken zu erzielen.

- Plattendecken: flächige Tragelemente mit großen Tragreserven

- Plattenbalkendecken: Die Balken (Unterzüge) wirken gemeinsam mit der sekundären Decke zur Erzielung einer erhöhten Tragfähigkeit. Abhängig von der Dicke und der Ausführung der Decke verbleibt die Primärtragwirkung eines Stabtragwerks oder wird zum linear verstärkten Flächentragwerk.

Bei Decken lassen sich drei prinzipielle Konstruktionsformen unterscheiden: Balkendecken, Plattendecken, Plattenbalkendecken.

Abbildung 050|1-04: Tragwirkung Querschnittsform, Stützung

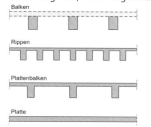
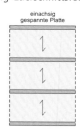

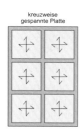

Plattendecken (Flächentragwerke) wirken in der Regel sowohl als Platten als auch als Scheiben. Die Tragwirkung wird auch von der Stützung der Deckenränder (ein- und mehrachsig/kreuzweise gespannt) sowie der Deckenfeldgeometrie bestimmt. Plattenbalkendecken zeigen ohne zusätzliche Maßnahmen ebenfalls Scheibenwirkung, Balkendecken müssen zur Erzielung einer ausreichenden Schubsteifigkeit jedoch konstruktiv ergänzt werden.

- Plattenwirkung: Aufnehmen und Weiterleiten der vertikalen Lasten zu den stützenden Konstruktionselementen

- Scheibenwirkung: Aufnehmen und Weiterleiten bzw. Verteilen der horizontalen Kräfte auf die entsprechenden Tragelemente (aussteifende Wände, Rahmen etc.)

Abbildung 050|1-05: Tragverhalten von Decken

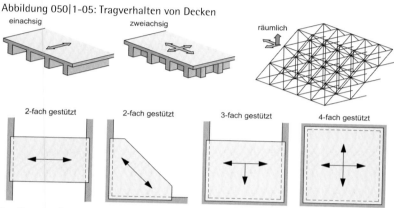

Das Tragwerk einer allseits aufliegenden Platte weist bei einer gleichmäßigen Belastung eine Biegefläche in Form eines Paraboloides auf. Die Auflagerkräfte konzentrieren sich daher hauptsächlich auf die Mittenbereiche der Wände, und die Ecken der Platte schüsseln nach oben auf. Speziell bei Dachdecken, bei denen ein Abheben der Ecken nicht durch Wandkräfte behindert wird, sind Maßnahmen zur Aufnahme der Drillmomente zu treffen. Bei Auflösung des Plattenquerschnittes in drillweiche Balken (Trägerrost) tritt die Erscheinung der Aufschüsselung nicht oder nur in stark vermindertem Maße auf. Ab einem Seitenverhältnis von 1:2 ist die Wirkung der seitlichen Stützung auf die Tragfähigkeit untergeordnet.

Abbildung 050|1-06: Tragwirkung von umfangsgelagerten Platten

Biegefläche Rechteckplatte   Drillmomente Plattenecke   drillweicher Trägerrost

Für die unterschiedlichen Deckensysteme können für den Geschoßbau mit den höheren Nutzlasten im Vergleich zum Flachbau (nur Dachlasten) wirtschaftliche Anwendungsbereiche hinsichtlich der maximalen Stützweite angegeben werden. Die in Abbildung 050|1-07 angegebenen Deckensysteme gelten hauptsächlich für den Baustoff Beton.

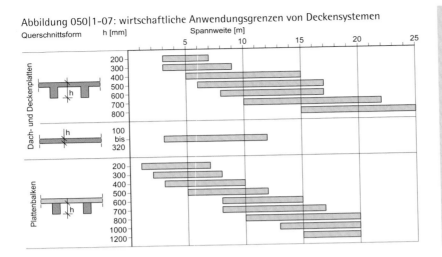

Abbildung 050|1-07: wirtschaftliche Anwendungsgrenzen von Deckensystemen

Lastannahmen

Deckenkonstruktionen sind neben ihrem Eigengewicht hauptsächlich durch Nutzlasten beansprucht. Tabelle 050|1-01 gibt eine Übersicht über die nach den ÖNORMen EN 1991-1-1 [64] und B 1991-1-1 [28] anzusetzenden Nutzlasten, welche auch nach der Nutzungskategorie (Art der Nutzung) zu differenzieren sind. Ebenso ist auch der Einfluss einer konzentrierten Einzellast auf einzelne Bauteile zu untersuchen (siehe Band 2: Tragwerke [3]).

Deckenkonstruktionen sind durch ihr Eigengewicht und zusätzliche Nutzlasten beansprucht.

Tabelle 050|1-01: Nutzlasten nach ÖNORM B 1991-1-1 [28]

Gebäude-, Raum- bzw. Flächennutzung	Nutzlast [kN/m²]
Terrassen und Dächer	0,5 – 3,0
Dachböden	1,0 – 2,0
Aufenthaltsräume	2,0 – 5,0
Räume besonderer Art	1,0 – 5,0
Balkone und Loggien	≥ 4,0
Treppen, Gänge und Podeste	3,0 – 6,0
Flächen für Menschenansammlungen	4,0 – 5,0

Ergänzend zu den Nutzlasten ist auch der Lastanteil versetzbarer Trennwände (Zwischenwandzuschlag) zu berücksichtigen. Bei Decken mit Querverteilungswirkung kann dies als Zuschlag q_k zur Nutzlast erfolgen. Bei Decken ohne Querverteilungswirkung sowie einer durch die Trennwand hervorgerufenen höheren Linienlast als 3,0 kN/m sind die Trennwände gesondert zu berücksichtigen.

Ergänzend zu den Nutzlasten ist auch der Lastanteil versetzbarer Trennwände zu berücksichtigen.

Tabelle 050|1-02: Nutzlastzuschlag versetzbarer Trennwände [28]

Eigengewicht der Trennwände pro Meter [kN/m]	Lastzuschlag q_k [kN/m²]
≤1,0	0,5
>1,0 bis ≤2,0	0,8
>2,0 bis ≤3,0	1,2

Das Gewicht der Rohdeckenkonstruktion hängt einerseits vom eingesetzten Material und andererseits von der Konstruktionsform (Platte, Träger etc.) ab. Die Schwankungsbreite der einzelnen Rohdeckenlasten ergibt sich daraus in einer Größenordnung von 1:10 mit einer Holztramdecke als leichteste Deckenform bis zur Stahlbetonplatte als schwerste Deckenkonstruktion.

Das Gewicht der Rohdeckenkonstruktion hängt vom Material und von der Konstruktionsform ab.

Tabelle 050|1-03: Flächenlasten von Rohdecken

Deckenart	Flächenlast der Rohdecke [kN/m²]
Stahlbetonplatten	
Trapezblechverbunddecken	
Leichtbetonplatten	
Plattenbalkendecken	
Fertigteildecken	
Betonrippendecken	
Hohlplattendecken, Hohldielen	
Dippelbaumdecken mit Verbundbeton	
Tramdecken Verbundbeton	
Vollholzdecken, Dippelbaumdecken	
Holztramdecken	

Wichte [kN/m³]	100 % 25,0	90 % 22,5	80 % 20,0	70 % 17,5	60 % 15,0	50 % 12,5	40 % 10,0	30 % 7,5	20 % 5,0	10 % 2,5
12	3,00	2,70	2,40	2,10	1,80	1,50	1,20	0,90	0,60	0,30
14	3,50	3,15	2,80	2,45	2,10	1,75	1,40	1,05	0,70	0,35
16	4,00	3,60	3,20	2,80	2,40	2,00	1,60	1,20	0,80	0,40
18	4,50	4,05	3,60	3,15	2,70	2,25	1,80	1,35	0,90	0,45
20	5,00	4,50	4,00	3,50	3,00	2,50	2,00	1,50	1,00	0,50
22	5,50	4,95	4,40	3,85	3,30	2,75	2,20	1,65	1,10	0,55
24	6,00	5,40	4,80	4,20	3,60	3,00	2,40	1,80	1,20	0,60
26	6,50	5,85	5,20	4,55	3,90	3,25	2,60	1,95	1,30	0,65
28	7,00	6,30	5,60	4,90	4,20	3,50	2,80	2,10	1,40	0,70
30	7,50	6,75	6,00	5,25	4,50	3,75	3,00	2,25	1,50	0,75
35	8,75	7,88	7,00	6,13	5,25	4,38	3,50	2,63	1,75	0,88
40	10,00	9,00	8,00	7,00	6,00	5,00	4,00	3,00	2,00	1,00

(Zeilenbeschriftung: Deckenstärke [cm])

Tabelle 050|1-04: Flächenlasten für Deckenkonstruktionen – ÖNORM B 1991-1-1 [28]

Dippelbaumdecken	Flächenlast [kN/m²]
Bestandskonstruktionen (Beschüttungsstärke über dem Baumscheitel gemessen)	
Beschüttung aus Schlacke (max. 8 cm), Holzfußboden, Putzträger und Verputz	3,00
Beschüttung aus Schlacke (max. 4 cm), Holzfußboden, Putzträger und Verputz	3,35
Zuschlag für Beschüttung aus Bauschutt je cm Beschüttungsstärke	0,04
verstärkte Konstruktionen (Betondicke über dem Baumscheitel gemessen)	
Betondecke auf Dippelbäumen (max. 12 cm) inkl. Putzträger und Verputz, ohne Fußbodenkonstruktion	5,00
Betondecke auf Dippelbäumen im Verbund (max. 6 cm) inkl. Putzträger und Verputz, ohne Fußbodenkonstruktion	3,50

Tramdecken (Bestandskonstruktion)	Flächenlast [kN/m²]
mit Sturzschalung, Beschüttung aus Bauschutt (max. 8 cm), Holzfußboden, Stuckaturschalung, Putzträger und Verputz	2,30
mit Beschüttung aus Hochofenschlacke (max. 8 cm), sonst wie oben	2,00
zwischen Stahlträgern (Tramtraversendecke), sonst wie oben	2,50

Ziegeldecken (Bestandskonstruktion)	Flächenlast [kN/m²]
Ziegelgewölbe, 15 cm dick, zwischen Stahlträgern (Achsabstand der Träger bis 1,5 m), mit Beschüttung (max. 8 cm über dem Gewölbescheitel), Holzfußboden und Verputz	5,00

Fertigteildecken	Flächenlast [kN/m²]
Stahlbeton-Rippendecke mit Ziegelfertigteilen und ebener Untersicht, ohne Deckenputz und Fußbodenkonstruktion	
19,0 cm dick (14,5 cm + 4,5 cm Aufbeton)	2,50
20,0 cm dick (14,5 cm + 5,5 cm Aufbeton)	2,75
21,0 cm dick (17,0 cm + 4,0 cm Aufbeton)	2,55
22,0 cm dick (17,0 cm + 5,0 cm Aufbeton)	2,80
23,0 cm dick (17,0 cm + 6,0 cm Aufbeton)	3,05
25,0 cm dick (21,0 cm + 4,0 cm Aufbeton)	3,10
26,0 cm dick (21,0 cm + 5,0 cm Aufbeton)	3,35
27,0 cm dick (21,0 cm + 6,0 cm Aufbeton)	3,60
28,0 cm dick (21,0 cm + 7,0 cm Aufbeton)	3,85
Stahl- oder Spannbeton-Hohlplattendecke ohne Deckenputz und Fußbodenkonstruktion	
20,0 cm dick	2,60
26,5 cm dick	3,45
32,0 cm dick	3,80
40,0 cm dick	4,55

Für übliche Deckensysteme des Hochbaues sind in der ÖNORM B 1991-1-1 [28] Nennwerte der Flächenlasten zusammengefasst (Tabelle 050|1-04), die sowohl die Deckenkonstruktion als auch den Fußboden und den Deckenputz beinhalten. Die Lasten üblicher Fußbodenaufbauten im Gebäudeinneren differieren nach den Anforderungen stark, liegen jedoch zumeist in einer Bandbreite von 0,8 bis 2,0 kN/m² (Tabelle 050|1-05). Für Terrassen und Flachdächer sowie für Gründächer können die Zusatzlasten für den Fußbodenaufbau noch erheblich höhere Werte annehmen (siehe Band 9: Flachdach [7]). Ergänzend zu den Fußbodenaufbauten sind in der Lastaufstellung auch die Lastanteile aus Deckenuntersichten oder abgehängten Deckenkonstruktionen zu berücksichtigen.

Bei Terrassen, Flachdächern und Gründächern können die Zusatzlasten auf Decken erheblich höher ausfallen.

Tabelle 050|1-05: Flächenlasten für Fußbodenaufbauten und Deckenuntersichten – ÖNORM B 1991-1-1 [28]

Fußbodenaufbau	Flächenlast [kN/m²]
Fußbodenaufbau trocken (max. 8 cm Dicke) Sandausgleich, Trittschalldämmung, Trockenestrich, Fliesen oder Blindschalung inkl. Fußbodenbelag	0,80
Fußbodenaufbau massiv (max. 10 cm Dicke) Sandausgleich, Trittschalldämmung, Folie, Estrich, Fußbodenbelag	1,60
Fußbodenaufbau massiv mit Fußbodenheizung (max. 12 cm Dicke), Sandausgleich, Trittschalldämmung, Folie, Heizestrich, Fußbodenbelag	2,00
Holzstöckelpflaster auf Sandbett, mit Bitumenverguss	1,30
Deckenuntersicht	**Flächenlast [kN/m²]**
Kalk-, Kalkzementputz, 1,50 cm dick, inklusive Putzträger (Streckmetall, Stuckaturrohr, Drahtziegelgewebe)	0,30

Verformungen

050|1|2|3

Der Nachweis der Tragsicherheit erfolgt baustoffabhängig nach aktuellem Sicherheitskonzept, nach dem System des ULS – Ultimate Limit State. Im Hochbau ist jedoch meist der Gebrauchstauglichkeitsnachweis maßgebend (SLS – Servicability Limit State), der für Decken die Einhaltung definierter Durchbiegungen fordert. Für die maximalen Durchbiegungen (Tabelle 050|1-06) sind geringere Grenzwerte anzuwenden, wenn dies die Nutzung des Bauwerkes, die Sicherstellung der Wasserableitung oder die Empfindlichkeit von Ausbauten bzw. Konstruktionselementen erfordert.

← ULS
Ultimate Limit State
Tragsicherheit

← SLS
Servicability Limit State
Gebrauchstauglichkeit

Tabelle 050|1-06: zulässige Durchbiegungen von Decken – ÖNORM B 1990-1 [27]

Anteil	Maximalwert	Nutzung
$w_1 + w_3 - w_c$	$L/200$	Dächer, nur zu Instandhaltungszwecken begangen
$w_1 + w_3 - w_c$	$L/200$	Decken mit abgehängter Untersicht
$w_1 + w_3 - w_c$	$L/300$	Decken und begehbare Dächer
w_{max}	$L/250$	grundsätzlich bei Bauteilen mit quasiständiger Einwirkungskombination
w_{tot}	$L/500$	Für nachträglich eingebaute Unterfangungskonstruktionen unter quasiständiger Einwirkungskombination

w_c	spannungslose Werkstattform mit Überhöhung
w_1	Durchbiegungsanteil aus ständiger Belastung
w_2	Durchbiegungszuwachs aus Langzeiteinwirkung der ständigen Belastung
w_3	Durchbiegungsanteil aus veränderlicher Belastung
w_{tot}	gesamte Durchbiegung
w_{max}	verbleibende Durchbiegung
L	Stützweite des betrachteten Bauteils (bei Kragkonstruktionen die doppelte Kraglänge)

Für Deckenkonstruktionen aus Holz sind in der ÖNORM B 1995-1-1 [34] die Grenzwerte der Durchbiegungen detaillierter geregelt, wobei beispielsweise die verbleibende Durchbiegung w_{max}, bezeichnet als $w_{net,fin}$, ebenfalls mit $L/250$ gefordert wird (siehe Kapitel 050|3).

Schäden im Deckenbereich und in nichttragenden Trennwänden können durch Überlastung einzelner Deckenbalken, durch Auflagerverdrehungen oder zufolge übermäßiger Durchbiegungen entstehen.

Abbildung 050|1-08: Schäden an Trennwänden aus Deckendurchbiegungen und Auflagerverdrehungen

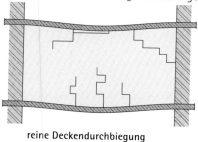
reine Deckendurchbiegung
bei Durchlaufsystem

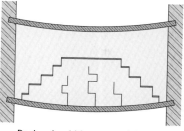
Deckendurchbiegung und Auflager-
verdrehung bei Einfeldsystem

Die Schadensbilder lassen sich dabei auf eine reine Deckendurchbiegung oder den Einfluss einer starken Auflagerverdrehung zurückführen, wobei durch Öffnungen in den Trennwänden auch ein verändertes Rissbild entstehen kann.

Bauphysikalische Anforderungen

050|1|3

Die bauphysikalischen Eigenschaften von Deckenkonstruktionen werden einerseits durch den konstruktiven Aufbau und das Material der Rohdecke und andererseits durch den Fußbodenaufbau und eine eventuelle Deckenbekleidung beeinflusst. Besonders der Brand- und Schallschutz sowie die Möglichkeit der Wärmespeicherung sind maßgeblich von der Ausführung der Tragschicht abhängig, während der Wärme- und Feuchtigkeitsschutz bei Massivdecken hauptsächlich durch zusätzliche Schichten im Fußbodenaufbau erreicht wird.

Wärmeschutz

050|1|3|1

Wärmeschutzanforderungen an Innendecken sind einfach und ohne besondere Zusatzmaßnahmen durch übliche Trittschalldämmplatten zu erreichen. Das gilt natürlich nicht für Decken über Freibereichen (z. B. Loggien) und Durchfahrten, Decken über Kellern und Garagen und für die oberste Decke zum Dachboden. Die Bauordnungen bzw. die darin schon weitgehend verpflichtend definierte OIB-Richtlinie 6 [19] beschreiben dafür Mindestanforderungen, die manchmal durch Förderungsrichtlinien weiter verschärft werden. Je nach Art des Aufbaus – zusätzliche Innen- bzw. Außendämmung – ist die Möglichkeit von Kondensatbildung im Bauteil zu beachten. Bei Wärmedämmschichten unter einem schwimmenden Estrich ist auf eine ausreichende Gesamtstabilität bzw. die Druckfestigkeit des Dämmstoffpaketes unter dem Estrich zu achten – diese Lösungen erfordern entsprechend steife Dämmmaterialien.

Je nach Art des Deckenaufbaus ist die Möglichkeit von Kondensatbildung im Bauteil zu beachten.

Ein wesentlicher Aspekt bei Dachgeschoßausbauten, aber auch bei Leichtkonstruktionen mit großem Fensteranteil ist die sommerliche Überwärmung. Hier sind ausreichende Speichermassen erforderlich (ÖNORM B 8110-3 [56]) um Temperaturspitzen abpuffern zu können. Massivdecken, die durch leichte Vorsatzschalen abgedeckt sind (z. B. durch GK-Unterdecken, Leichtestriche mit Holzboden oder Dämmschichten), verlieren an wirksamer Speichermasse und leisten dann nur stark reduzierte Beiträge zu einem angenehmen Raumklima.

Ein wesentlicher Aspekt beim Dachgeschoßausbau und bei Konstruktionen mit großem Fensteranteil ist die sommerliche Überwärmung.

Speziell Massivdecken, bei denen die Deckenkonstruktion bis zur Außenwandkante durchgeführt wird, weisen im Auflagerbereich der Decke eine mehr oder weniger große materialbedingte Wärmebrücke auf. Durch unterschiedliche Maßnahmen wie beispielsweise eine Außendämmung im Rostbereich oder eine Kerndämmung hinter einem Roststein können diese Wärmebrücken in der Auswirkung reduziert oder durch eine durchlaufende Außendämmung (Wärmedämmfassade) fast ausgeschaltet werden (siehe auch Band 4: Wände [4]).

Abbildung 050|1-09: Wärmedämmung von Deckenrändern

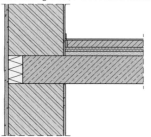 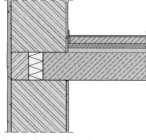 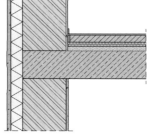

| Rostdämmung | Roststein mit Kerndämmung | Wärmedämmfassade |

Besonders kritisch ist der Eckbereich, vor allem, wenn zusätzliche „Kühlrippen" wie beispielsweise eine über die letzte Geschoßdecke aufragende Attika mitwirken. Noch problematischer ist die Auskragung von Deckenbauteilen ins Freie. Hier besteht die Notwendigkeit, diese Deckenteile gesamt zu dämmen oder thermisch zu trennen (siehe Kapitel 050|5).

Schallschutz

050|1|3|2

Decken trennen zumeist Räume unterschiedlicher Nutzung bzw. Nutzer. Um Lärmbelästigungen zu verhindern, werden in den Bauordnungen bzw. in der dort zitierten OIB-Richtlinie 5 [18] wie auch in der schon älteren ÖNORM B 8115-2 [57] entsprechende Anforderungen an die schalltechnischen Eigenschaften von Deckensystemen gestellt.

Der Luftschallschutz, beschrieben durch die Einzahlangaben des bewerteten Schalldämm-Maßes R_w, oder die bewertete Standard-Schallpegeldifferenz, $D_{nT,w}$ ist primär von der Deckenmasse abhängig. Höhere Flächengewichte ergeben höhere Dämmwerte, so hat beispielsweise eine massive Stahlbetondecke von 18 cm Dicke (Flächengewicht ~420 kg/m²) ein bewertetes Schalldämm-Maß R_w von ca. 58 dB. Der tatsächliche Luftschallschutz wird noch durch die vorhandenen Schallnebenwege vermindert und durch die bewertete Standard-Schallpegeldifferenz abgebildet. Wird das erforderliche Deckengewicht nicht erreicht, ist zusätzlich eine biegeweiche Schale an der Untersicht oder ein schwimmender Estrich vorzusehen.

Der ebenfalls notwendige Trittschallschutz kann wirksam nur durch einen zwei- oder mehrschaligen Aufbau gewährleistet werden, wobei zwei oder mehrere Schalen durch Dämpfungselemente verbunden sind. Wichtig in diesem Zusammenhang sind eine sorgfältige Detailplanung und eine korrekte Ausführung, um Schallbrücken und den damit verbundenen teilweisen Verlust der Dämmwirkung zu vermeiden. Zu beachten ist, dass die Verbesserung der Trittschalldämmung durch weiche Beläge nur bedingt berücksichtigt werden darf. Dem Aspekt der Schallnebenwege ist gesondert Rechnung zu tragen.

Der Trittschallschutz kann wirksam nur durch einen zwei- oder mehrschaligen Aufbau mit verbindenden Dämpfungselementen gewährleistet werden.

Feuchtigkeitsschutz

Bei Innendecken muss der Schutz gegen Wasser, vor allem bei Nassräumen und Deckenkonstruktionen aus Holz, durch Abdichtungen im Fußbodenbereich (siehe Band 14: Fußböden [9]) erreicht werden. Außendecken sind wegen der einwirkenden Witterung immer mit einer den Abdichtungsnormen entsprechenden Feuchtigkeitsabdichtung auszubilden (siehe Band 9: Flachdach [7]).

Betondecken sind vom Material her nicht feuchtigkeitsempfindlich, dafür aber dampfdiffusionshemmend. Holzdecken hingegen sind als feuchtigkeits-empfindlich einzustufen. Eine 20 cm dicke Betonplatte besitzt eine diffusions-äquivalente Luftschichtdicke von rund 20 m. Obwohl Vollholz zwar eine ähnliche Wasserdampf-Diffusionswiderstandszahl wie Beton aufweist, besitzen Holzbalkendecken baupraktisch nur eine diffusionsäquivalente Luftschichtdicke von rund 2,0 m, sie sind praktisch diffusionsoffen. Aus diesen Gründen sind diese beiden Deckenbauweisen grundsätzlich unterschiedlich zu bewerten. Abdichtungen unter Feuchträumen oder im Auflagerbereich sind für Holz-decken wesentlich, ebenso Dampfbremsen über Räumen mit erhöhter Feuchtig-keitsbelastung. Die Vorgaben der ÖNORM B 8110-2 [55] sind zu beachten, speziell für Decken gegen durchlüftete Dachböden mit außen liegender Dämmschicht muss bei Deckenkonstruktionen mit einer diffusionsäquivalenten Luftschichtdicke unter 8 m ein diffusionstechnischer Nachweis geführt werden.

Wesentlich ist auch der Witterungsschutz von Holzdeckenelementen während des Transportes und der Lagerung sowie der Bauzeit bzw. die Vermeidung von Durchfeuchtungen während des Baufortschrittes.

Brandschutz

Die Einstufung des Feuerwiderstandes von Bauteilen erfolgte früher nach ÖNORM B 3800-4 [44], heute jedoch oftmals nur mittels Klassifizierungs-berichten nach ÖNORM EN 13501-1 [74]. Decken müssen nach den Bestimmungen der OIB-Richtlinie 2 [15] eine Feuerwiderstandsdauer von üblicherweise 90 Minuten aufweisen, wobei für Wohn- und Geschäftshäuser auch Erleichterungen möglich sind. Falls die Rohdecke nicht selbst den geforderten Feuerwiderstand erreicht, muss durch Sekundärmaßnahmen die Tragsicherheit auf Dauer der Brandeinwirkung sichergestellt sein. Ergänzend müssen die Bauteile auch noch weitere Anforderungen wie Rauchdichtheit oder gesicherten Raumabschluss gewährleisten, die ergänzend zu der Feuerwider-standsdauer anzugeben sind. Bei den Baustoffen wird grundsätzlich nach der Brennbarkeit unterschieden, wobei Stahl oder Beton wie alle mineralischen Baustoffe als nichtbrennbar, Holz jedoch in der Regel als normalbrennbar einzuordnen sind.

Beton- und Stahlbeton

Beton muss zur Erfüllung der vorgeschriebenen Feuerwiderstandsklasse besonderen Kriterien genügen. Bis REI 60 ist für Deckenplatten eine Platten-dicke von 8 cm ausreichend, REI 90 erfordert eine Mindestdicke von 10 cm, REI 180 wird ab 15 cm erzielt. Speziell für Flachdecken gilt eine Mindest-dicke von 18 cm bis REI 60 und von 20 cm ab REI 90. Für REI 30 bis REI 60 genügt die Einhaltung der Mindestbetondeckung von 2,5 cm, REI 180 erfordert 3,0 bis 4,5 cm Betondeckung bei einem Stabdurchmesser bis 20 mm.

Außendecken sind wegen der Witterung immer mit einer Feuchtigkeitsabdich-tung auszubilden.

Betondecken und Holzdecken sind in Bezug auf Feuchtigkeitsschutz unterschiedlich zu bewerten.

Decken müssen üblicherweise eine Feuerwiderstands-dauer von 90 Minuten aufweisen.

Ergänzend müssen die Bauteile Rauchdicht-heit und gesicherten Raumabschluss gewährleisten.

Beton muss zur Erfüllung der vorge-schriebenen Feuer-widerstandsklassen entsprechende Mindestabmessungen aufweisen.

Stahl

ist nicht brennbar, versagt aber bei etwa 450 bis 650 °C infolge des starken Absinkens des E-Moduls und der Festigkeit. Wesentlich für die Ermittlung der kritischen Temperatur sind das gewählte statische System und der Ausnützungsgrad des Bauteils.

Stahl versagt bei etwa 450 bis 650 °C.

Holz

Holz weist aufgrund einer bekannten Abbrandgeschwindigkeit ein klar definierbares Brandverhalten auf, doch sind auch hier die Einflüsse aus der Verbindungstechnik und der statischen und konstruktiven Durchbildung zu beachten. Die Resttragfähigkeit von Holzdecken, die direkt beflammt werden, lässt sich durch rechnerische Nachweise unter Berücksichtigung der Abbrandgeschwindigkeit ermitteln.

Die Resttragfähigkeit von Holzdecken lässt sich durch rechnerische Nachweise ermitteln.

keramische Baustoffe

Baustoffe aus gebranntem Ton bieten Brandschutz in Abhängigkeit von der Schichtdicke, der Fugenausbildung zwischen den einzelnen Elementen und des Oberflächenschutzes. Über den Feuerwiderstand von Ziegeldecken liegt ein Klassifizierungsbericht tragender Ziegeldecken mit und ohne Aufbeton und einer Putzoberfläche von mindestens 1,5 cm an der Unterseite vor, der für alle in Österreich zugelassenen Ziegeldecken eine brandtechnische Klassifizierung von REI 120 ausweist.

Über den Feuerwiderstand von Ziegeldecken liegt ein Klassifizierungsbericht vor.

Sekundärmaßnahmen zur Erzielung des geforderten Brandschutzes sind z. B. für Stahl schaumbildende Anstriche, Putze, Brandschutzverkleidungen mit Platten oder Formstücken, Ummantelung oder Innenfüllung mit Beton oder eine Wasserfüllung von Hohlprofilen.

Bauteilaktivierung

Wird die Raumdecke ganz oder teilweise auf Temperaturen unterhalb der Raumtemperatur gebracht und gehalten, spricht man von Kühldecken, bei Temperaturen über der Raumtemperatur von Deckenheizung – generell aber von Bauteilaktivierung. Diese zwar schon lange bekannte Technik wurde in letzter Zeit zunehmend aktuell. Das auch deshalb, weil bei großflächigen Elementen schon geringe Temperaturdifferenzen für eine zufriedenstellende Wirksamkeit ausreichen und Klimadecken optimal mit der Nutzung von umweltfreundlichen Wärmepumpensystemen harmonisieren.

Bei großflächigen bauteilaktivierten Elementen reichen schon geringe Temperaturdifferenzen für eine zufriedenstellende Wirkung aus.

Die ersten modernen Systeme waren Heiz- bzw. Kühlregister, welche zu fertigen Paneelen gefertigt und mit Wasser oder Luft gefüllt an der bestehenden Decke untergehängt wurden. Obwohl solche Systeme noch häufig angewendet werden, gewinnen doch direkt in die Decke eingelegte Kunststoffrohrregister zunehmend an Bedeutung. Die Entwicklung ist nicht abgeschlossen, letzter Stand sind Kapillarrohrregister, die den Wirkungsgrad von Klimadecken maßgeblich erhöhen. Allerdings benötigen alle Systeme, die direkt in die Decke eingelegt werden, speicherfähige Masse und sind daher nur für Betondecken geeignet. Zudem dürfen diese Decken nicht mit einer untergehängten Decke versehen werden. Eine Klimadecke interagiert über Strahlung direkt mit den im Raum befindlichen temperierten Flächen oder Wärmequellen, darüber hinaus kommt es in geringem Maß auch über die Raumluft (Konvektion) zu einem Temperaturausgleich. Die Abfuhr der Kühllast eines Raumes erfolgt demnach bei der Bauteilkühlung nicht mehr durch Einbringen gekühlter Luft. Je nach Aufbau der Kühldecke und der Luftbewegung im Raum können die Anteile von

Kapillarrohrregister erhöhen den Wirkungsgrad von Klimadecken maßgeblich.

Strahlung und Konvektion unterschiedlich ausfallen. Bei der Raumheizung wird die Wärme primär durch Strahlung auf die umgebenden Bauteile und auch Personen übertragen und sorgt für ein ausgeglichenes Temperaturniveau. Eine Überschreitung der zulässigen Luftgeschwindigkeit für die Behaglichkeit muss in jedem Fall ausgeschlossen werden (siehe Band 1: Bauphysik [2]).

Vorschriften

Nachdem in Österreich die meisten bautechnischen Bestimmungen aus den Baugesetzen in die OIB-Richtlinien übertragen wurden, sind auch die Anforderungen an Decken hauptsächlich in diesen geregelt und nur mehr einige Restbestimmungen in den Bauordnungen enthalten. Nachfolgend sind beispielhaft einige Bestimmungen angeführt.

Bauordnung Wien [12]:

§ 87. *Begriffsbestimmungen*
(5) Brandabschnitte sind Bereiche, die durch brandabschnittsbildende Wände bzw. Decken von Teilen eines Gebäudes getrennt sind.

§ 90. *Holzdecken: Werden Badezimmer, Toiletten, Waschküchen und Räume, in denen besondere Feuchtigkeit entsteht, über Holzdecken errichtet, sind diese Holzdecken in den betreffenden Bereichen gegen Feuchtigkeit so abzudichten, dass keine schädlichen Einflüsse, die ihre Tragfähigkeit gefährden, wirksam werden.*

§ 93. *Ausbreitung von Feuer und Rauch innerhalb des Bauwerkes*
(2) Bauteile zur Abgrenzung von Nutzungseinheiten, z. B. Decken oder Wände zwischen Wohnungen, müssen einen Feuerwiderstand aufweisen, der
1. die unmittelbare Gefährdung von Personen in anderen Nutzungseinheiten ausschließt und
2. die Brandausbreitung wirksam einschränkt.
Dabei ist der Verwendungszweck und die Größe des Bauwerkes zu berücksichtigen.

(6) Hohlräume in Bauteilen, z. B. in Wänden, Decken, Böden oder Fassaden, dürfen nicht zur Ausbreitung von Feuer und Rauch beitragen. ...

OIB-Richtlinie 1 [14]: Mechanische Festigkeit und Standsicherheit

← OIB-Richtlinie 1
Mechanische Festigkeit
und Standsicherheit

2.1.1 *Tragwerke sind so zu planen und herzustellen, dass sie eine ausreichende Tragfähigkeit, Gebrauchstauglichkeit und Dauerhaftigkeit aufweisen, um die Einwirkungen, denen das Bauwerk ausgesetzt ist, aufzunehmen und in den Boden abzutragen.*

2.1.2 *Für die Neuerrichtung von Tragwerken oder Tragwerksteilen ist dies jedenfalls erfüllt, wenn der Stand der Technik eingehalten wird. Die Zuverlässigkeit der Tragwerke hat den Anforderungen gemäß ÖNORM EN 1990 in Verbindung mit ÖNORM B 1990-1 zu genügen.*

OIB-Richtlinie 2 [15]: Brandschutz

← OIB-Richtlinie 2
Brandschutz

2.2.2 *Die für die Standsicherheit von Wänden und Decken erforderlichen aussteifenden und unterstützenden Bauteile müssen im Brandfall über jenen Zeitraum hindurch wirksam sein, welcher der für diese Wände und Decken geforderten Feuerwiderstandsdauer entspricht.*

3.1.3 *Brandabschnitte sind durch brandabschnittsbildende Bauteile (z. B. Wände, Decken) gegeneinander abzutrennen. ...*

3.1.6 *Öffnungen in brandabschnittsbildenden Wänden bzw. Decken müssen Abschlüsse erhalten, die dieselbe Feuerwiderstandsdauer aufweisen, wie die jeweilige brandabschnittsbildende Wand bzw. Decke. ...*

3.1.7 *Begrenzen Decken übereinander liegende Brandabschnitte, so muss a) ein deckenübergreifender Außenwandstreifen von mindestens 1,20 m Höhe in EI 90 vorhanden sein, oder*

      b) die brandabschnittsbildende Decke muss mit einem mindestens 80 cm horizontal auskragenden Bauteil gleicher Feuerwiderstandsklasse verlängert werden. ...

3.8.2   *Liegen Abgasanlagen in Wänden bzw. Decken oder durchdringen diese, ist durch geeignete Maßnahmen (z. B. Abschottung, Ummantelung) sicherzustellen, dass eine Übertragung von Feuer und Rauch über die erforderliche Feuerwiderstandsdauer wirksam eingeschränkt wird.*

3.9.2   *Wände und Decken von Räumen mit erhöhter Brandgefahr müssen in REI 90 bzw. EI 90 ausgeführt und raumseitig in A2 bekleidet sein. ...*

OIB-Richtlinie 4 [17]: Nutzungssicherheit und Barrierefreiheit

4.1.1   *Alle im gewöhnlichen Gebrauch zugänglichen Stellen eines Gebäudes mit einer Fallhöhe von 60 cm oder mehr, bei denen eine hohe Gefahr eines Absturzes besteht, jedenfalls aber ab einer Fallhöhe von 1,00 m, sind mit einer Absturzsicherung zu sichern. ...*

OIB-Richtlinie 5 [18]: Schallschutz

2.2.3   *Für Wohngebäude, -heime, Hotels, Schulen, Kindergärten, Krankenhäuser, Kurgebäude u. dgl. dürfen für die Schalldämmung der Außenbauteile von Aufenthaltsräumen folgende Werte in Abhängigkeit des maßgeblichen Außenlärmpegels nicht unterschritten werden:*
- Decken und Wände gegen nicht ausgebaute Dachräume: 42 bis 47 dB
- Decken und Wände gegen Durchfahrten und Garagen: 60 dB

2.2.4   *Für Verwaltungs- und Bürogebäude u. dgl. dürfen für die Schalldämmung der Außenbauteile von Aufenthaltsräumen folgende Werte nicht unterschritten werden:*
- Decken und Wände gegen nicht ausgebaute Dachräume: 42 dB
- Decken und Wände gegen Durchfahrten und Garagen: 60 dB

2.3   *Anforderungen an den Luftschallschutz innerhalb von Gebäuden: Wände, Decken und Einbauten zwischen Räumen sind so zu bemessen, dass bedingt durch die Schallübertragung durch den Trennbauteil und die Schall-Längsleitung z. B. der flankierenden Bauteile die folgenden Werte der bewerteten Standard-Schallpegeldifferenz $D_{nT,w}$ nicht unterschritten werden:*
- ohne Verbindung durch Türen, Fenster oder sonstige Öffnungen: 50 bis 55 dB
- mit Verbindung durch Türen, Fenster oder sonstige Öffnungen: 35 bis 50 dB

OIB-Richtlinie 6 [19]: Energieeinsparung und Wärmeschutz

4.4.1   *Beim Neubau eines Gebäudes oder Gebäudeteiles dürfen bei konditionierten Räumen folgende Wärmedurchgangskoeffizienten (U-Werte) nicht überschritten werden. Für Dachschrägen mit einer Neigung von mehr als 60° gegenüber der Horizontalen gelten die jeweiligen Anforderungen für Wände:*
- DECKEN und DACHSCHRÄGEN jeweils gegen Außenluft und gegen Dachräume (durchlüftet oder ungedämmt): 0,20 W/m²K
- DECKEN gegen unbeheizte Gebäudeteile: 0,40 W/m²K
- DECKEN gegen getrennte Wohn- und Betriebseinheiten: 0,90 W/m²K
- DECKEN über Außenluft (z. B. über Durchfahrten, Parkdecks): 0,20 W/m²K
- DECKEN gegen Garagen: 0,30 W/m²K

4.7   *Anforderungen an wärmeübertragende Bauteile bei Flächenheizungen: Bei Neubau, Renovierung und Erneuerung von Bauteilen muss bei Wand-, Fußboden- und Deckenheizungen unbeschadet der unter Punkt 4.4 angeführten Anforderungen der Wärmedurchlasswiderstand R der Bauteilschichten zwischen der Heizfläche und der Außenluft mindestens 4,0 m²K/W sowie zwischen der Heizfläche und dem Erdreich oder dem unbeheizten Gebäudeteil mindestens 3,5 m²K/W betragen. ...*

← OIB-Richtlinie 4
Nutzungssicherheit
und Barrierefreiheit

← OIB-Richtlinie 5
Schallschutz

← OIB-Richtlinie 6
Energieeinsparung
und Wärmeschutz

Abbildung 050|2-03: Anschlussdetails von Decken an Außenwände

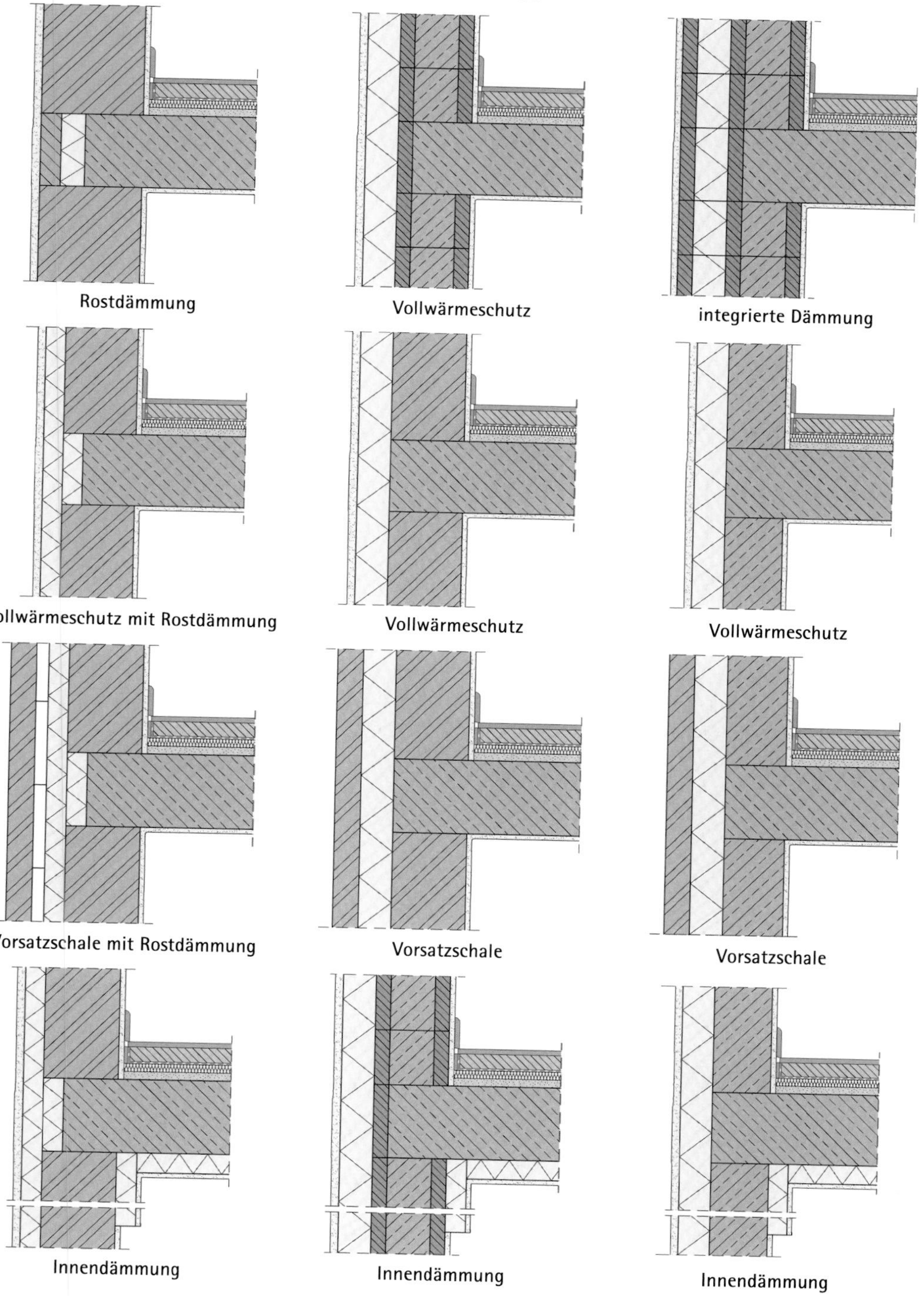

Rostdämmung

Vollwärmeschutz

integrierte Dämmung

Vollwärmeschutz mit Rostdämmung

Vollwärmeschutz

Vollwärmeschutz

Vorsatzschale mit Rostdämmung

Vorsatzschale

Vorsatzschale

Innendämmung

Innendämmung

Innendämmung

Gewölbekonstruktionen

Der historische Ursprung von Massivdecken liegt in der Herstellung von Gewölben in unterschiedlichster Ausbildungsform. Der Kenntnis des Aufbaus und der Tragfunktion von Gewölben kommt im Rahmen der Ertüchtigung von Altbauten eine zunehmend größer werdende Bedeutung zu. Eine aktuelle Bedeutung für den Neubau ist wegen der kosten- und zeitintensiven Herstellung jedoch nicht mehr gegeben, sodass im Rahmen dieses Bandes nur die Grundbegriffe angeführt werden.

Der historische Ursprung von Massivdecken liegt in der Herstellung von Gewölben.

Abbildung 050|2-04: Gewölbebezeichnungen

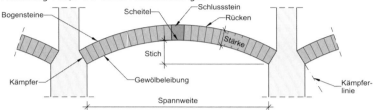

Wölbkonstruktionen sind in der Regel räumliche Tragwerke (siehe Band 2: Tragwerke [3]). Die einfachen Tonnengewölbe mit zylindrischer Wölbfläche lassen sich jedoch auf simple Bogenkonstruktionen zurückführen, und die Quertragwirkung wird wegen der aus einzelnen Steinen gemauerten Tragschale vernachlässigt. Somit beruht das Modell der Tragfunktion auf einer vorwiegenden Druckübertragung im Gewölbe und einer Schub- bzw. Zugkraft in der Verbindung der Bogenkämpfer, die entweder durch Zugbänder oder unverschiebliche Auflagerkonstruktionen aufgenommen werden muss.

Das Modell der Tragfunktion beruht auf einer vorwiegenden Druckübertragung im Gewölbe.

Gleichlast	$V = \dfrac{q \cdot L}{2}$	$H = \dfrac{q \cdot L^2}{8 \cdot f}$
mittige Einzelkraft	$V = \dfrac{P}{2}$	$H = \dfrac{P \cdot L}{4 \cdot f}$

(050|2-01)

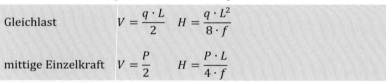
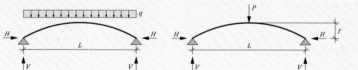

Gewölbe erfordern wegen ihrer Tragkonzeption gleichmäßige Belastungen, hohe Einzellasten sowie halbseitige Belastungen bewirken durch die Verschiebung der Stützlinie aus der Druckbogenachse zusätzliche Momente, die zum Aufklaffen des Gewölbeverbandes und so zum Druckversagen an den verbleibenden Kontaktflächen führen können. Eine sinnvolle Sanierungsmaßnahme ist dann eine Lagestabilisierung der Gewölbe, die diesen Effekten entgegenwirkt.

Gewölbe sollten aufgrund ihrer Tragkonzeption hauptsächlich gleichmäßig belastet werden.

Bei Gewölben ist die Ausbildung eines kompletten Halbkreisquerschnittes kritisch, da dabei aus der Auflagersituation keine stabilisierende Horizontalkomponente resultiert und es somit zu größeren Momentenbeanspruchungen kommt, die bis zum Bruch führen können. Flachere Kreisbögen oder Bogengewölbe bis zu einem Verhältnis von Spannweite zu Stich $L : f \sim 4:1$ sind daher vorteilhafter.

Abbildung 050|2-05: Gewölbeformen

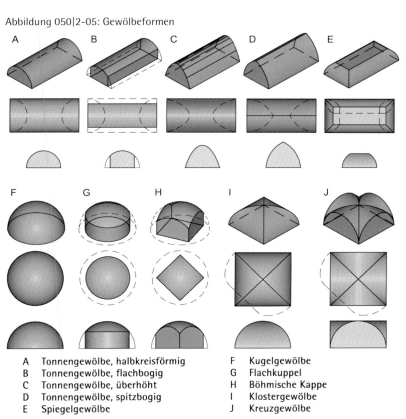

A	Tonnengewölbe, halbkreisförmig	
B	Tonnengewölbe, flachbogig	
C	Tonnengewölbe, überhöht	
D	Tonnengewölbe, spitzbogig	
E	Spiegelgewölbe	

F	Kugelgewölbe
G	Flachkuppel
H	Böhmische Kappe
I	Klostergewölbe
J	Kreuzgewölbe

Das Klostergewölbe entsteht durch den Verschnitt zweier halbzylindrischer Tonnengewölbe, indem man die Schnittlinien als Grate ausbildet. Somit ist eine kontinuierliche Lagerung der Deckenkonstruktion über einem quadratischen bzw. letztendlich rechteckigen Raum möglich. Das Kreuzgewölbe hingegen ermöglicht durch die Verschneidung der Tonnenflächen in Form von einspringenden Graten die Ableitung der Kräfte entlang der Tonnenfläche in die Gratbögen, welche als Druckgurte (Rippen) wirken und zu einer Konzentration der Auflagerkräfte in den Eckpunkten führen.

Kuppeln oder Kappengewölbe tragen räumlich. Bei Kuppeln wird der Gewölbeschub im unteren Bereich durch Ringzugkräfte ersetzt, weshalb Ringanker eingebaut werden mussten oder anschließende Bauteile zur Stabilisierung beitragen. Bei der „Böhmischen Kappe" werden die Druckkräfte der Kugelkalotte über die schneidenden Wandteile in Form von Schubkräften zu den Ecken weitergeleitet. Hier entstehen unterhalb der Schnittlinie Zugkräfte, welche besonders bei größeren Wandöffnungen berücksichtigt werden müssen. Weitere Zugkräfte entstehen auch über den Ecken in der Kugelkalotte.

Eine im Wohn- und Geschäftshausbau vor allem der Gründerzeit weit verbreitete und besonders über den unteren Geschoßen und im Treppenhausbereich oft verwendete Deckenform ist die Platzldecke, auch preußisches Kappengewölbe genannt. Hier spannt sich ein flaches, halbsteinstarkes Ziegelgewölbe zwischen Stahlträgern. Die üblichen Spannweiten liegen bei

Die Platzldecke ist eine im Wohn- und Geschäftshausbau vor allem der Gründerzeit weit verbreitete Deckenform.

unter 2,0 m, der Stich f beträgt ca. 1/10 der Spannweite. Wichtig ist die Aufnahme der Horizontalkräfte aus dem Gewölbe in den letzten Deckenfeldern, dort müssen die Stahlträger jedenfalls mittels Schließen verbunden und rückverhängt werden. Die Schließen sollten einen Abstand von maximal 1,5 m besitzen und sind auch zur Gewährleistung einer guten Deckenschubsteifigkeit notwendig.

Platzldecken weisen unter gleichmäßiger Belastung, die üblicherweise im Wohn- und Geschäftshaus gegeben ist, eine hohe Tragfähigkeit auf, da die zusätzlich vorhandene Biegesteifigkeit des zylindrischen Ziegelgewölbes in Richtung der Stahlträger in die Tragfähigkeitsbetrachtungen nicht einbezogen wird. Solange der Ziegelverband nicht gestört ist oder der Bogenscheitel beschädigt wurde, ist selbst bei schon an der Unterseite ausgebrochenen Mauerfugen die Tragsicherheit in hohem Maße gegeben. Betonergänzungen im Bereich der Kappenauflager entlang der Stahlträger und über der Beschüttung aufgebrachte bewehrte Estriche verbessern zusätzlich die Tragfähigkeit.

Platzldecken weisen unter gleichmäßiger Belastung eine hohe Tragfähigkeit auf.

Abbildung 050|2-06: Platzldecke, preußisches Kappengewölbe

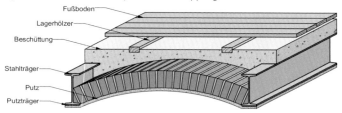

Tonnengewölbe wurden oft über Kellern ausgeführt. In Bereichen von darüber befindlichen tragenden Wänden kamen auch verstärkte Bögen zur Ausführung. Übliche Tonnengewölbe sind einen Stein stark gemauert, also 30 cm dick, die Spannweiten liegen meist unter 8 m. Oft ist in Tonnenmitte eine Dickenreduktion auf Halbsteinstärke von 15 cm zu finden und im Kämpferbereich eine erhöhte Gewölbestärke auf eineinhalb Steinstärken möglich.

Tonnengewölbe wurden oft über Kellern ausgeführt.

Abbildung 050|2-07: Tonnengewölbe

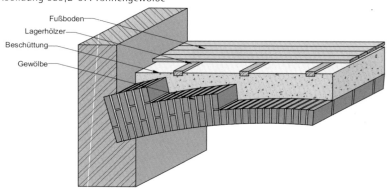

Ortbetondecken

050|2|4

Ortbetondecken gibt es im Hochbau seit knapp einem Jahrhundert. Die damals tradierten Bauformen Träger und Füllelemente imitierend wurden zuerst Deckensysteme aus Trägern mit quer darüber spannenden dünnen Füllplatten konzipiert. Bei Ortbetonkonstruktionen setzten aber bald Entwicklungen ein,

Ortbetondecken gibt es im Hochbau seit rund 1900.

die von durch Unterzüge gestützten über die kreuzweise gespannten Platten hin zur Flachdecke führten wobei eine Reihe von Modifikationen möglich ist, die bei größeren Stützweiten vor allem die Gewichtsreduktion, also eine Auflösung der Platte zum Ziele haben.

Ortbetondecken werden auf einer Schalung betoniert, auf der zuvor die Bewehrung verlegt wurde. Ihr großer Vorteil wird in der monolithischen Wirkung bei geringer Deckenstärke sowie in der einfachen Herstellung statisch unbestimmter Konstruktionen gesehen. Die oft durch einen höheren Grad statischer Unbestimmtheit vorhandenen Tragreserven erweisen sich bei einer örtlichen Überbelastung als besonders vorteilhaft (Querverteilwirkung). Bei Deckenstärken von 18 bis 30 cm lassen sich Spannweiten schlaff bewehrt bis zu 6,5 m einachsig und bis zu 8,0 m zweiachsig wirtschaftlich überspannen.

Ortbetondecken werden auf einer Schalung betoniert, auf der zuvor die Bewehrung verlegt wurde.

Abbildung 050|2-08: Tragstrukturen von Ortbetondecken

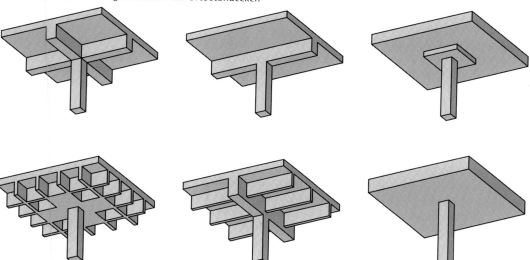

Mit einer durch Rippen verstärkten Platte ist man in der Lage, deren Stützweite bedeutend zu vergrößern, da diese Maßnahme bei annähernd gleichem Tragvermögen den Anteil des Eigengewichts günstig beeinflusst, nachteilig ist jedoch eine reduzierte Quertragfähigkeit. Die Achsabstände der Rippen liegen üblicherweise zwischen 65 und 75 cm. Schon bald nach Beginn dieser Entwicklung wurde der Raum zwischen zwei Stegen mit Füllkörpern ohne wesentliche statische Funktion überbrückt, um eine ebene Putzfläche zu erhalten. Im Zuge der Weiterentwicklung wurde die Ortbetonrippendecke aufgrund des hohen Schalungsaufwandes sehr bald durch die Fertigteil-Rippendecke ersetzt.

Ortbetonrippendecken wurden aufgrund des hohen Schalungs-aufwandes sehr bald durch die Fertigteil-Rippendecken ersetzt.

Die konventionelle Flachdecke ist wegen der einfachen Herstellung durch die in den letzten Jahrzehnten optimierte Schalungstechnik bei üblichen Stützenrastern und größeren Deckenfeldern die sowohl wirtschaftlichste als auch anpassungsfähigste Lösung. In Kombination mit dem Prinzip der Vorspannung sind auch größere Stützweiten sinnvoll umsetzbar. Mit der Vorspannung fand ein neues Element Eingang in die Entwurfspraxis und brachte eine bedeutende Ausweitung baulicher Möglichkeiten mit sich. Betondecken sind einerseits durch einen hohen Anteil an Eigengewicht, andererseits durch bereichsweise Steifigkeitsminderung aufgrund von

Die konventionelle Flachdecke kombiniert mit dem Prinzip der Vorspannung ermöglicht die Umsetzung größerer Stützweiten.

Rissbildung charakterisiert. Beides bedingt Verformungen der Decke, die für die Nachweisführung maßgeblich sein können. Diese wird durch die Anwendung einer, meist verbundlos ausgeführten Vorspannung mithilfe von Monolitzen kompensiert.

Deckenschalung

050|2|4|1

Schon mit dem Entstehen der ersten Betonkonstruktionen zu Zeiten des Römischen Reiches musste man sich mit dem Problem der Formgebung des plastischen Betonbreies beschäftigen. Die damals hergestellten Schalungen bestanden aus einzelnen Brettern, die von weiteren hölzernen Aussteifungselementen gestützt wurden. Diese Art der Schalung bildete auch 2000 Jahre später die Basis für die Herstellung von betonierten Deckenkonstruktionen. Sie wird als konventionelle Schalung bezeichnet. Ihre Bedeutung hat jedoch wegen der steigenden Lohnkosten, aber auch durch die sich in den letzten Jahrzehnten rasch entwickelnden technischen Möglichkeiten – einfach verfügbare Hubsysteme, andere und ergänzende Materialien wie Kunststoffe, Stahl- und Aluminiumbauteile und patentierte Verbindungssysteme sowie durch die weitestgehende Verwendung von vergüteten oder verleimten Holzbauteilen – stark abgenommen. Speziell im Deckenbau stehen geschalte Stahlbetondecken unter starkem wirtschaftlichem Druck und müssen sich gegen die Konkurrenz von Fertigteilsystem-Decken behaupten. Zumeist erfordern diese aber auch Unterstellungen bzw. Beischalungen, sodass letztendlich die Entscheidung im Einzelfall zu treffen ist.

Rippen- und Kassettendecken sind in der Schalungsherstellung sehr lohnintensiv und werden praktisch nur für Sonderbauten eingesetzt, obwohl auch hier vorgefertigte Verdrängkörper oder Blechtunnel Rationalisierungen ermöglichten. Unterzugsschalungen sind wesentlich aufwändiger als eine ebene Deckenschalung, die oft schon in Form von Deckenschaltischen mittels eines Kranhubes versetzt werden kann. Natürlich erfordern höchst rationalisierte Bauweisen standardisierte Grundrisse und Bauformen – Voraussetzungen, die in einer Baukultur, die stark auf Individualisierung und Flexibilisierung setzt, nicht oft gegeben sind. Hier zeigen sich Schalungssysteme, die einen vernünftigen Kompromiss durch den Einsatz standardisierter, großflächiger Schalelemente bei gleichzeitiger individueller Adaptierbarkeit durch kleinere Passelemente ermöglichen, am erfolgreichsten.

Heute ist es wegen der schon am Markt befindlichen dauerhafteren Materialien auch möglich, Schalungssysteme nicht mehr zu kaufen, sondern das jeweils optimale System für den Anwendungsfall zu mieten.

Betonoberflächen, Sichtbetonschalungen und Strukturschalungen

Je nach der verlangten Betonoberfläche werden unterschiedliche Schalhautausführungen erforderlich. Strukturierte Betonoberflächen lassen sich sowohl durch den Einsatz von oberflächenbehandelten Holzschalungen als auch durch ein Einlegen von Strukturmatrizen aus Kunststoff erzielen. Für Sichtbetonqualität ist die Glätte der verwendeten Schalung wie auch ein gewisses Saugvermögen wesentlich.

Neben der geforderten Qualität der Betonoberfläche ist die angestrebte Einsatzhäufigkeit der Schalungsplatte für die Typenwahl, die Gesamtstärke sowie Stärke und Aufbau der Beschichtung bestimmend. Zusätzlich differieren die Plattenarten in Bezug auf die Maßhaltigkeit, das Saugvermögen sowie das Fugenbild bzw. die möglichen Plattengrößen.

Die konventionelle Schalung entstand zu Zeiten des Römischen Reiches.

In den letzten Jahrzehnten werden Fertigteilsystem-Decken den kostenintensiveren geschalten Stahlbetondecken vorgezogen.

Heute können Schalungssysteme aus dauerhaften Materialien auch gemietet werden.

Strukturierte Betonoberflächen lassen sich durch den Einsatz von oberflächenbehandelten Holzschalungen oder durch Strukturmatrizen aus Kunststoff erzielen.

Die Schalungshaut wird – einerseits, um die Kanten zu schützen, und andererseits, um eine systemgemäße Koppelung zu erleichtern – in Form von Tafeln konfektioniert. Die beste Dauerhaftigkeit bieten Schalungspaneele mit 50 cm Breite und umlaufendem Kunststoffrahmen aus Polyurethan.

Rahmenschalungen

bestehen aus Stahl oder Aluminium, aus modulgroßen Tragrahmen mit fix montierten Schalhäuten. Sie werden auch häufig für Wand- und Unterzugschalungen eingesetzt.

Schalungsträger

Da die Biegesteifigkeit der Schalhaut gering ist, muss sie durch Sekundär- und Primärträger (Joche) gestützt werden. Kanthölzer 10/10 waren lange Zeit die wesentliche Schalungsträgerart, wurden aber im Zuge der technischen Weiterentwicklungen durch industriell gefertigte und tragfähigere Schalungsträger ersetzt.

Deckenstützen

aus Stahlrohr sind nach ÖNORM EN 1065 [61] genormt. Sie weisen maximale Auszugslängen von 2,50 bis zu 5,50 m auf und sind mittels Durchsteckdornen und Gewinde höhenverstellbar. An der Form der Deck- bzw. Fußplatte lässt sich die Zuordnung zur Lastklasse A bis E erkennen. Stützen der Klasse D und E haben eine längenunabhängige charakteristische Tragfähigkeit von 34 bzw. 51 kN.

Abbildung 050|2-09: Deckenstützen für Deckenschalungen – ÖNORM EN 1065 [61]

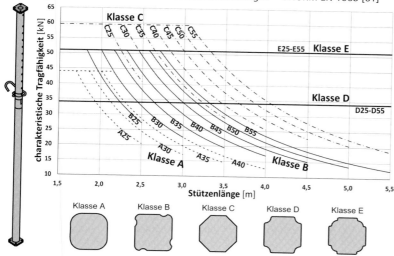

Aus traditionellen Deckenschalungen entwickelten sich durch Vereinheitlichung der eingesetzten Schalungsträgersysteme zu handlicheren und gleichzeitig flexiblen Einheiten samt dem passenden Zubehör die so genannten „Flex-Schalungen". Diese Hand-Deckenschalungen (können kranunabhängig versetzt werden) bestehen aus Deckenstützen samt Aufstellhilfen und Halteköpfen, einheitlichen Schalungsträgern sowie der Schalhaut aus kleinformatigen Schalungsplatten.

Abbildung 050|2-10: „Flex-Schalungen" und Schalungstische für Deckenschalungen [11]

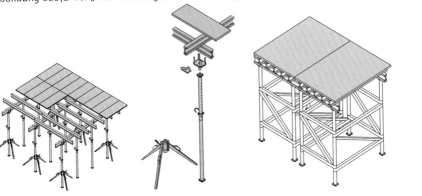

Als weitere Hand-Deckenschalungssysteme sind die Alu-Modul-Schalungen, das sind zumeist Alu-Schalungsträger mit darüber aufbauenden Alu-Rahmen-schalungselementen, auf dem Markt. Als kranabhängige Deckenschalungs-systeme sind die Deckentische anzuführen. Diese können aus fix montierten Flex-Schalungstischen genauso wie aus Alu-Rahmenschalungselementen auf vorbereiteten Jochträgern über Tisch-Halteköpfen bestehen. Ein wesentliches Merkmal von Deckentischen ist, dass die Schalungsstützen keine zusätzlichen Verstrebungen untereinander aufweisen, sondern frei stehen, weshalb die Oberkonstruktion unverschieblich ausgeführt werden muss. Dazu werden Spindelstützen oder Zurrgurte schräg von den Tischköpfen auf die untere Decke verspannt. Nach der Absenkung der Schalung werden die ganzen Deckentische entweder horizontal mittels Versetzkarren oder vertikal mit Umsetzgabeln und Kran auf den neuen Aufstellungsort versetzt. Deckentische können anstelle von Deckenstützen auch durch Rahmensysteme mit Teleskopspindelfüßen gestützt werden, Rahmensysteme benötigen mehr Platz unter der Deckenschalung und lassen sich für den Transport nicht so einfach und platzsparend einklappen, sie sind aber naturgemäß stabiler und vor allem bei größerer Höhe besser einzusetzen. Bei sehr hohen Räumen lassen sie sich in turmartigen Formen zusammenbauen.

Plattendecken

050|2|4|2

Die wesentlichsten Vorteile von Ortbeton-Plattendecken sind die problemlose Anpassung an annähernd jede Grundrissform, das einfache Herstellen von Aussparungen und die wirtschaftliche Herstellungsweise. Ortbeton-Plattendecken sind Flächentragwerke, die ihre konstruktiven Vorteile am besten bei Umfangslagerung und Tragwirkung in orthogonaler Richtung ausspielen. Dennoch werden sie oft als einachsig gespannte Platten ausgeführt. Diese wirken dann ähnlich wie nebeneinander liegende Plattenstreifen. Durch die unverschiebliche Verbindung dieser fiktiven Streifen ist jedoch auch bei nur einachsiger Tragwirkung eine Querverteilung von Lasten auf die jeweiligen Nachbarstreifen gegeben. Zusätzlich wird durch das Aneinanderlegen der fiktiven Streifen die Querdehnung jedes Streifens behindert, was eine Erhöhung der Plattensteifigkeit gegenüber der üblicherweise angesetzten Biegesteifigkeit eines Plattenstreifens mit sich bringt. Aus diesem Umstand resultiert aber auch die Notwendigkeit einer Querbewehrung bei einachsiger Bemessung.

Ortbeton-Platten-decken passen sich problemlos an annähernd jede Grundrissform an, Aussparungen sind einfach herzustellen.

Da im Stahlbetonbau die Zugspannungen durch den Bewehrungsstahl aufgenommen werden, ist eine Lastabtragung in jede Richtung möglich. Dem entsprechend können Ortbeton- und in gewissen Grenzen auch Teilmontagedecken den jeweiligen Ansprüchen angepasst werden, also auch zweiachsig gespannt werden. Der Vorteil einer zweiachsigen Lastabtragung liegt in der wesentlichen Reduktion der Biegemomente. Wird eine kreuzweise gespannte Platte in erster Näherung durch einen Trägerrost ersetzt, so kann man die Flächenlast auf zwei orthogonale Belastungsstreifen aufteilen (siehe Band 2: Tragwerke [3]).

Betrachtet man den Verlauf der Hauptmomentenlinien für eine quadratische und eine rechteckige Platte, jeweils drehbar gelagert, erkennt man aber auch die Tendenz der frei aufliegenden, kreuzweise gespannten Platte zum „Aufschüsseln". Die Ecken neigen dazu, sich außerhalb einer dem Plattenrechteck eingeschriebenen Ellipse vom Auflager abzuheben. Man begegnet diesem Umstand entweder mit einer Auflast, wie sie bei Geschoßdecken in üblicherweise ausreichendem Ausmaß in Form der Wände auftritt, oder vor allem bei Decken über dem letzten Geschoß und Decken, die auf Unterzügen gelagert sind, mit einer Eckverankerung.

Abbildung 050|2-11: Verlauf der Hauptmomentenlinien bei unterschiedlichem Stützweitenverhältnis

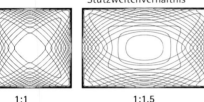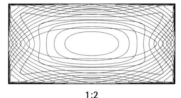

| 1:1 | 1:1,5 | 1:2 |

Tabelle 050|2-05: Mindestabmessungen von Stahlbetonplatten

Mindestdicken		
Dachplatten	6	cm
begehbare Platten	7	cm
Platten REI 90	10	cm
befahrbare Platten	12	cm
Platten mit dynamischer Belastung mit Aussparungen	20	cm
Platten mit Querkraftbewehrung	20	cm
Platten mit Punktstützung – Stützenbereich	20	cm
Platten mit Punktstützung – Feldbereich	15	cm
minimale Schlankheiten (d/L) – Richtwerte		
	einachsig gespannt	kreuzweise gespannt ($B:L = 1{:}{\leq}1{,}5$)
Einfeldplatten	1/35	1/50
Durchlaufplatten	1/40	1/60
Einfeldbalken	1/15	
Durchlaufbalken	1/20	

Plattendicke = d + Betondeckung

Bei Ortbetonplatten ist die Verformung oft ein ausschlaggebendes Bemessungskriterium. Da Stahlbeton als Verbundwerkstoff eine spezielle Art des Tragvermögens besitzt, wo die Stahleinlagen im Traglastzustand höhere Dehnungen als der umgebende Beton aufweisen und somit ein Aufreißen der Betonzugzone eine Vorbedingung zur wirtschaftlichen Dimensionierung darstellt, ist die Verformung nicht einfach aus den Querschnittswerten abzuleiten, sondern muss das Zusammenspiel von Stahl und Beton wie auch das Auftreten gerissener und ungerissener Betonbereiche berücksichtigt werden.

Können die kurzzeitig auftretenden Verformungen noch relativ genau ermittelt werden, verursachen zwei weitere Eigenschaften des Betons, das Schwinden und Kriechen, eine Veränderung der Durchbiegung unter länger andauernder Belastung. Dieser Anteil der Verformung, die so genannte Langzeitverformung, muss ebenfalls ermittelt werden und ist, bei Vernachlässigung, für eine ganze Reihe von auftretenden Bauschäden verantwortlich. Nicht nur deswegen und aus Gründen der Tragfähigkeit, sondern aus konstruktiven sowie brand-schutztechnischen Gründen gibt es Mindestdicken von Deckenplatten bei unterschiedlichen Einsatzformen.

Punktgelagerte Platte – Flachdecke

Die Punktlagerung, d. h. die Lagerung auf Stützen, gibt es in der Architektur schon sehr lange, wobei hier zumeist verstärkende Rippen und Gurtbögen in der Deckenkonstruktion eingebaut wurden. Bis jetzt erhaltene Beispiele davon finden sich in zahlreichen Kirchen. Die erste Flachdecke, also die Lagerung einer Platte auf Stützen, konstruierte Robert Maillart zu Beginn des 20. Jahrhunderts. Die Stützen erhielten am Stützenkopf eine konische Erweiterung, sodass sie wie Pilze aussahen und dadurch die Einleitung der hohen Querkräfte ermöglichten. Aus diesem Grund sind die ersten Decken auch als Pilzdecken bekannt. Statt der dem Kraftfluss folgenden Pilzformen wurden auch lokale Plattenverstärkungen ausgeführt, welche leichter zu schalen waren. Infolge besserer Kenntnis und genauerer rechnerischer Erfassung der statischen Verhältnisse besonders am Stützenort wurde es möglich, die ursprünglich zur Krafteinleitung notwendige Deckenverstärkung durch konstruktive Maßnahmen zu ersetzen, wodurch auch eine ebene Deckenuntersicht erreicht werden konnte.

Abbildung 050|2-12: punktgelagerte Platte – Lasteinleitung im Stützenbereich

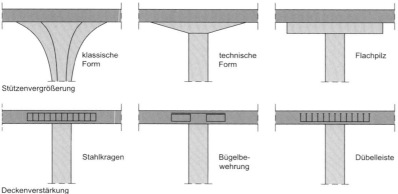

Diese Deckenart bringt größtmögliche Freiheit bei der Raumgestaltung und wird daher überall dort verwendet, wo diese ein erklärtes Entwurfsziel ist. Eine aus statischer und wirtschaftlicher Sicht sinnvolle Anwendung dieser Deckenform setzt jedoch die Beachtung einer Reihe von Randbedingungen voraus. Zur Erklärung der Wirkungsweise werden den Anwendungsfällen im typischen Projektierungsverlauf Rissbild und Tragwirkung sowie die Momenten-profile gegenübergestellt. Die Flachdecke stellt allgemein eine besonders ökonomische Konstruktionsform dar. Als Vorteile können angesehen werden:

- einfache Herstellung (einfache Schalung, einfache Bewehrungsführung)
- geringe Konstruktionshöhe = kleinere Geschoßhöhe

Die Flachdecke stellt allgemein eine besonders ökonomische Konstruktionsform dar.

- Stützung nicht unbedingt streng rastergebunden
- Wirkung als Flächentragwerk – geringe Empfindlichkeit bei Veränderung der Lasteintragungsarten, Überlastbarkeit
- günstiges Verhalten im Brandfall – im für die Traglast maßgeblichen Stützenbereich liegt die Bewehrung oben (geringere Temperaturbelastung)

Die Darstellung der Hauptmomentenlinien zeigt den Unterschied zwischen einer punktgestützten Platte und einer allseits aufliegenden und über gestützten Rändern durchlaufenden Platte.

Abbildung 050|2-13: Verlauf der Hauptmomentenlinien bei Punktstützung und bei Umfangslagerung

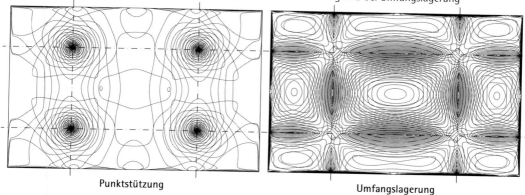

Punktstützung   Umfangslagerung

Abbildung 050|2-14: Flachdecke – Momentenverlauf, Rissbild Stützenbereich

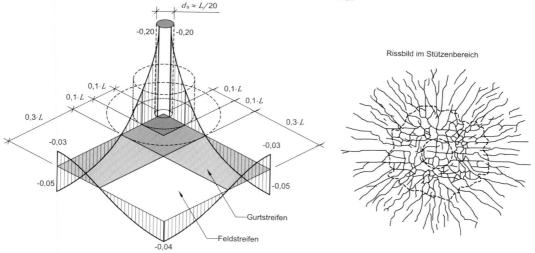

Bei der Punktlagerung von Flachdecken entstehen im Stützenbereich Hauptmomente, die radial und in konzentrischen Kreisen verlaufen, sodass in erster Linie kreisförmige Biegerisse entstehen, die sich jedoch wegen der gleichzeitig großen Querkraft in der Platte als Hauptzugrisse flach geneigt fortsetzen. Dabei besteht die Gefahr des Durchstanzens, wobei ein Betonkegel mit 30° bis 35° Neigung herausgestanzt wird.

Bei der Punktlagerung von Flachdecken entstehen im Stützenbereich Hauptmomente und die Gefahr des Durchstanzens.

Abbildung 050|2-15: Flachdecke – Berechnungsmodell im Stützenbereich

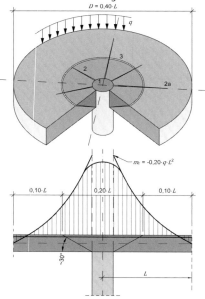

A. Durch die Momentenspitze wird die Betonzugfestigkeit entlang des Stützenmantels überschritten und die Bewehrung überdehnt.

B. Mit dem Reißen von (1) steigen die Tangentialmomente, es entstehen durch Umlagerung radiale Risse (2), bis ein räumliches Tragmodell mit Fließgelenk entsteht. Die Risse im Stützenraster (2a) sind durch die größere Steifigkeit der Decke in Achsrichtung besonders ausgeprägt.

C. Bei weiterer Laststeigerung entsteht ein Ringriss (3), und der Bruch tritt ohne Vorankündigung ein.

Eine Abhilfe für dieses Problem bestand früher in speziellen Durchstanzbewehrungen wie Bügelkörben (Abbildung 050|2-17) oder „Hutaufbiegern" (Abbildung 050|2-16). Eine wesentliche Verbesserung auch bei der Verlegequalität bringen Dübelleisten (Abbildung 050|2-18), die in der kritischen Rundschnittzone sternförmig verlegt werden. Stahlformteile (Abbildung 050|2-19), die den Bereich der Deckenplatte rund um die Stütze ersetzen bzw. erweitern, ermöglichen ebenso höhere Querkraftableitungen und haben zusätzlich noch den Vorteil, oft benötigte Deckendurchbrüche neben den Stützen problemlos lösen zu können. Weiters sind geeignete Spanngliedführungen (Abbildung 050|2-20) im Stützenbereich in der Lage, die Durchstanzkräfte zu reduzieren, auch eine Kombination einzelner Durchstanzsicherungen ist möglich.

Die Gefahr des Durchstanzens kann durch spezielle Bewehrungsführungen und Einbauteile verringert werden.

Abbildung 050|2-16: Durchstanzsicherung durch schräge Aufbiegungen

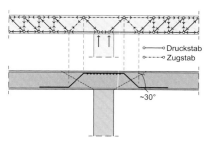

obere Bewehrungslage

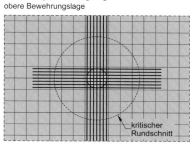

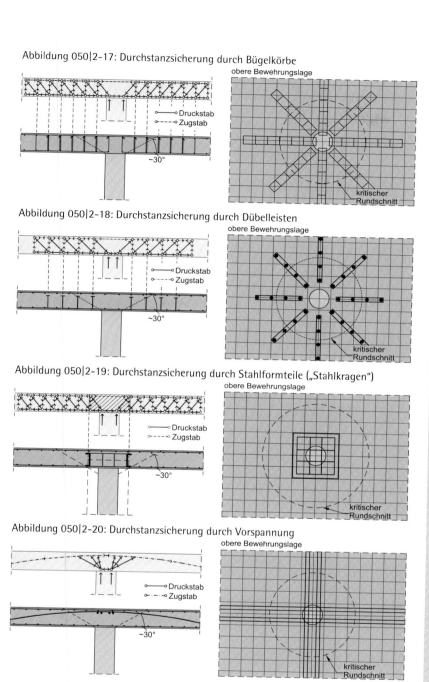

Abbildung 050|2-17: Durchstanzsicherung durch Bügelkörbe

obere Bewehrungslage

o—————o Druckstab
o- - - - -o Zugstab

~30°

kritischer Rundschnitt

Abbildung 050|2-18: Durchstanzsicherung durch Dübelleisten

obere Bewehrungslage

o—————o Druckstab
o- - - - -o Zugstab

~30°

kritischer Rundschnitt

Abbildung 050|2-19: Durchstanzsicherung durch Stahlformteile („Stahlkragen")

obere Bewehrungslage

o—————o Druckstab
o- - - - -o Zugstab

~30°

kritischer Rundschnitt

Abbildung 050|2-20: Durchstanzsicherung durch Vorspannung

obere Bewehrungslage

o—————o Druckstab
o- - - - -o Zugstab

~30°

kritischer Rundschnitt

Das Problem der Überschreitung der aufnehmbaren Querkräfte tritt auch bei Fundamentplatten auf, wobei hier die im Bereich einer Lastausbreitung von 2:1 (bis zu 1:1) wirkende Bodenpressung von der Stützenkraft in Abzug gebracht werden kann. Die Lösungsansätze sind demgemäß ähnlich wie bei Decken, sofern nicht eine lokale Verstärkung unter den Stützen oder eine höhere Betongüte andere Lösungen bietet.

Wie bei Decken tritt auch bei Fundamentplatten das Problem der Überschreitung der aufnehmbaren Querkräfte auf.

Abbildung 050|2-21: Bruchkegel – Fundamentplatten

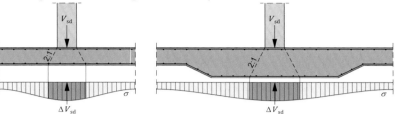

Für einen sinnvollen Einsatz der punktgelagerten Flachdecke ist es notwendig, bei jeder Stütze den Platz für die Ausbildung des Durchstanzkegels zuzulassen. Dies bedeutet aber, dass die Randausbildung von Flachdecken besonderer Sorgfalt bedarf. Statisch günstig wäre es, die Decke im Randbereich auskragen zu lassen, dies zieht allerdings durch ungleichmäßige Randdurchbiegungen Probleme in der Fassadenbefestigung nach sich. Eine Alternative bietet sich in der Ausbildung einer steifen Brüstung oder, falls die Auskragung unterlassen wird, eines Randunterzuges.

Für einen sinnvollen Einsatz der punktge-lagerten Flachdecke ist bei jeder Stütze der Platz für die Ausbil-dung des Durchstanz-kegels zuzulassen.

Abbildung 050|2-22: Randausbildungen von Flachdecken [1]

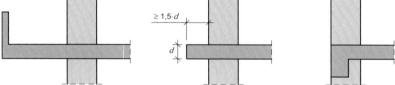

Schlaff bewehrte Flachdecken sind für Stützenraster von 5 bis 8 m mit Plattenstärken bis 30 cm sinnvoll einsetzbar. Größere Spannweiten erfordern die Anwendung von vorgespannten Konstruktionen mit zusätzlichen Sicherungsmaßnahmen im Stützenbereich.

Abbildung 050|2-23: Richtwerte für Deckenstärken von Flachdecken

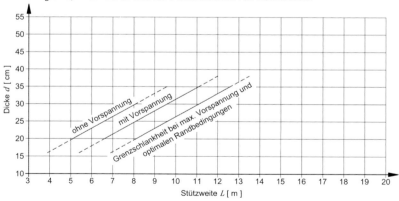

Die Plattendicke bzw. die statisch wirksame Höhe und die maximal mögliche Durchstanzlast hängen direkt voneinander ab, obwohl durch eine Vorspannung der Zusammenhang beeinflusst wird und so 2 bis 5 cm Deckenstärke eingespart werden können. Die sinnvolle Grenze zwischen schlaffer und vorgespannter Deckenausführung liegt bei Stützweiten zwischen 8 und 9 m. Der Deckenraster (Stützweite L - Lasteinflussfläche) definiert im linken Diagramm (Abbildung

Die Plattendicke bzw. die statisch wirksame Höhe und die maximal mögliche Durchstanz-last hängen direkt voneinander ab.

050|2-24) gemeinsam mit den Deckenlasten (Laststufen 1 bis 3) die erforderliche Plattendicke. Natürlich ist die aufnehmbare Durchstanzlast auch von der Querschnittsfläche der Stützung und der Betonqualität der Platte abhängig, was im rechten Diagramm – nur für nicht vorgespannte Deckensysteme und runde Mittelstützen und ohne Durchstanzsicherung – aufgetragen ist. Aus den angegebenen Lasten kann der Einfluss von Lastausmitten (bei ungleichen Stützweiten oder Momenteneintrag), Rand- und Eckstützen durch Abminderung um einen Faktor 1/1,15 bis 1/1,50 berücksichtigt werden, allfällige Durchstanzsicherungen erhöhen die ausgewiesene Durchstanzlast um das bis zu 1,6-Fache.

Abbildung 050|2-24: Flachdecke – Abschätzung der Plattendicke und maximalen Durchstanzlast [1]

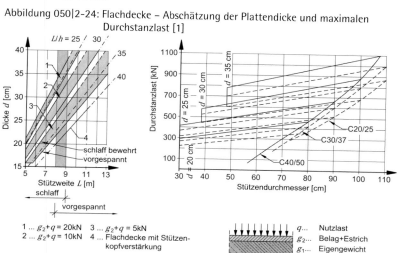

1 ... $g_2+q = 20$kN   3 ... $g_2+q = 5$kN
2 ... $g_2+q = 10$kN   4 ... Flachdecke mit Stützenkopfverstärkung

q... Nutzlast
g_2... Belag+Estrich
g_1... Eigengewicht

Beispiel 050|2-01: Wärme-, Schallschutz von Innendecken mit Stahlbetonplatten

	Dicke [cm]			Schichtbezeichnung	ρ [kg/m³]	λ [W/(mK)]
	A	B	C			
	2,0	2,0	2,0	Belag	–	–
	6,0	6,0	6,0	Estrich	2000	1,500
	–	–	–	Trennlage	–	–
	d_1	d_1	d_1	Trittschalldämmung	20	0,040
	d_2			Wärmedämmung	20	0,040
		5,0	5,0	Schüttung gebunden EPS-Beton	500	0,150
	t	t	t	Stahlbetondecke	2300	2,300
			d_2	Wärmedämmung	20	0,040
			1,0	Deckenputz	1600	0,700

$d_1 \geq 3$ cm

Variante	d_1+d_2 [cm]	Wärmeschutz				Schallschutz							
		U-Wert [W/(m²K)] bei Deckenstärke t [cm]				$L_{n,w}$ [dB] bei Deckenstärke t [cm]				R_w [dB] bei Deckenstärke t [cm]			
		18	20	25	30	18	20	25	30	18	20	25	30
A	3	0,83	0,82	0,81	0,79								
	6	0,51	0,51	0,50	0,50								
	8	0,41	0,41	0,40	0,40	45	44	41	38	64	65	66	68
	10	0,34	0,34	0,33	0,33								
	14	0,25	0,25	0,25	0,25								
	18	0,20	0,20	0,20	0,20								
B	–	1,26	1,25	1,22	1,19	67	66	64	61	64	65	67	69
	3	0,65	0,65	0,64	0,63	44	42	39	37	65	66	67	68
C	3	0,64	0,64	0,63	0,62								
	6	0,43	0,43	0,43	0,42								
	8	0,36	0,36	0,35	0,35	41	40	38	36	66	67	68	70
	10	0,30	0,30	0,30	0,30								
	14	0,23	0,23	0,23	0,23								
	18	0,19	0,19	0,19	0,19								

Der Wärmeschutz von Massivdecken wird hauptsächlich durch die zusätzlich aufgebrachten Dämmschichten, die entweder im Fußbodenaufbau oder an der Deckenunterseite angebracht sind, beeinflusst, wobei auch die Trittschalldämmschichten wärmetechnisch günstige Eigenschaften aufweisen. Bei einer erhöhten Wärmedämmung im Fußbodenbereich, die dann meist wie eine Innendämmung wirkt, ist auf eine Vermeidung von Kondensatbildung durch Anordnung einer Dampfbremse im warmen Bereich zu achten.

Zur Erfüllung der Anforderungen an den Schallschutz ist primär die Masse der Deckenkonstruktion entscheidend, wobei speziell für den Trittschallschutz erst das Verbesserungsmaß bedingt durch den Fußbodenaufbau den Nachweis ermöglicht. Vermag die Rohdeckenkonstruktion den Anforderungen an den Luftschallschutz zu genügen, ist für den Trittschallschutz nur ein mehrschaliger Aufbau mit entsprechend schalldämmenden Zwischenschichten erforderlich.

Rippendecke

050|2|4|4

Mit der Wahl einer durch Rippen verstärkten Platte ist man in der Lage, deren Stützweite bedeutend zu vergrößern. Dies deshalb, da der bei Massivdecken relativ hohe Anteil des Konstruktionsgewichtes bei annähernd gleichem Tragvermögen erfolgreich verringert werden kann. Das Bestreben, dabei die Abstände zwischen den Rippen relativ klein zu halten, hat seine Ursache in den statischen und konstruktiven Vereinfachungen und der dabei möglichen sehr dünnen Deckenplatte. Die Rippendecke entwickelte sich aus der Substitution der Tramdecke mit Deckschalung durch den neuen Werkstoff Beton. Übliche Rippenabstände von 60 bis 80 cm haben schon frühzeitig dazu geführt, den Raum zwischen den Stegen mit im Deckenkörper verbleibenden Füllkörpern ohne wesentliche statische Funktion zu versehen und damit gleichzeitig eine ebene Putzfläche zu erhalten. Geschalte Rippendecken werden auf Stahlblech-„Tunnels" betoniert.

> Mit einer durch Rippen verstärkten Platte ist man in der Lage, deren Stützweite bedeutend zu vergrößern.

Abbildung 050|2-25: Rippendecke [1]

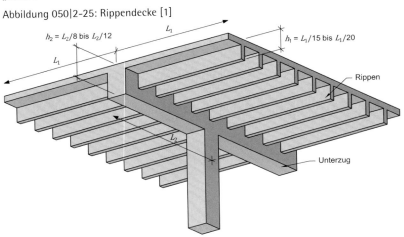

Rippendecken wirken statisch wie Plattenbalkenkonstruktionen, das heißt, die in den Rippen konzentrierte Zugbewehrung bildet mit der über die Platte verteilten Druckzone das momentenaufnehmende Kräftepaar. Natürlich muss die Druckkraft in die Platte ein- und abgeleitet werden können, und die Druckzone ist nur in einem beschränkten zuordenbaren Bereich wirksam. Bei

> Rippendecken wirken statisch wie Plattenbalkenkonstruktionen.

üblichen Rippenabständen kann der Rippenabstand als Breite für die Druckzone angesetzt werden. Als Durchlaufsystem (beispielsweise über dem Mittelauflager) ist auf eine ordentliche konstruktive Ausformung des Auflagerbereiches zu achten, da hier die Druckzone im Bereich der kleineren Rippenquerschnittsflächen liegt. Ein ausbetonierter Füllstreifen kann hier die Druckkräfte aus der ohnehin steilen und deswegen nur in einem kurzen Stück wirksamen Momentenspitze aufzunehmen helfen.

Die Platte über den Rippen hat zusätzlich die Aufgabe, die Quertragfähigkeit bzw. die Lastverteilung zu ermöglichen. Zusätzlich wird durch sie die Schubtragfähigkeit der gesamten Deckenkonstruktion erhöht. Die Stärke der Rippen muss zumindest eine ausreichende Betondeckung der Bewehrung gewährleisten, somit ist mit zumindest 8 cm zu rechnen. Geschlossene Verbügelungen zufolge Querkraft sind arbeitstechnisch schwer herzustellen und werden oft durch offene Steckbügel ersetzt. Bei Rippenabständen (Lichtweiten) $a \leq 70$ cm muss die Plattendicke zumindest $a/10$ betragen, jedenfalls aber 5 cm. Konstruktionen mit größeren Rippenabständen werden bereits als Plattenbalken bezeichnet und erfordern Deckenspiegelstärken $d \geq 7$ cm.

Die Platte über den Rippen ermöglicht die Quertragfähigkeit bzw. die Lastverteilung.

Die Deckplatten sind bei Plattendicken von 5 bis 8 cm nicht wirklich sinnvoll zu bewehren. Hier gilt deshalb nur eine Bewehrungslage als Regelausführung. Größere Querbiegemomente oder höhere Einzellasten sind somit nicht aufnehmbar bzw. erfordern zusätzliche konstruktive Vorkehrungen. Zur Erreichung einer gewissen Querverteilungswirkung sollten deshalb Querrippen ausgeführt werden. Gegenwärtig hat die Rippendecke als reine Ortbetondecke keine große Bedeutung mehr, bei Kleinwohnhäusern sowie Einfamilienhäusern wird sie jedoch weiterhin als Teilmontagedecke mit vorgefertigten Einhängesteinen und Gitterträgern eingesetzt.

Rippendecken werden gegenwärtig bei Kleinwohnhäusern sowie Einfamilienhäusern als Teilmontagedecke eingesetzt.

Plattenbalkendecke

050|2|4|5

Einer der Nachteile der Rippendecken ist der relativ hohe Schalungsaufwand. Dieser lässt sich reduzieren, indem man die Platte nach den Regeln des Stahlbetonbaus ausbildet und durch Balken in größeren Abständen stützt.

Plattenbalkendecken besitzen Durchlaufplatten mit einer üblichen Plattenstärke von 10 bis 16 cm, wobei hier alle Regeln der Stahlbetonkonstruktionen zur Anwendung kommen. In den die primäre Tragkonstruktion bildenden und die Platte stützenden Balken oder Unterzügen liegt die für die Haupttragwirkung notwendige Bewehrung. Die Mitwirkung der Platte für das Tragvermögen in der Hauptrichtung ist durch die Aufnahme der Druckkräfte in ihrer wesentlich größeren Querschnittsfläche charakterisiert. Die neutrale Achse liegt üblicherweise in der Platte nahe dem unteren Rand oder im obersten Drittel des Balkens. Die relativ großen Schubkräfte aus der Umlenkung der Druckspannungen aus der Platte in die Balkenauflager müssen im Plattenanschnitt aufgenommen werden. Auch hier ist bei Durchlaufsystemen auf eine entsprechende Ausformung der Auflagerzonen analog zu den Rippendecken zu achten.

Indem man die Platte nach den Regeln des Stahlbetonbaus ausbildet und durch Balken in größeren Abständen stützt, wird der Schalungsaufwand bei Rippendecken reduziert.

Plattendecken mit mehr als 10 cm Plattenstärke haben in der Regel eine ausreichende Querverteilungswirkung. Die Balken haben Abstände von über 70 cm (Lichtweite), üblich sind 1,5 bis 2,5 m und eine Balkenbreite von zumindest 15 cm.

Abbildung 050|2-26: Plattenbalkendecke [1]

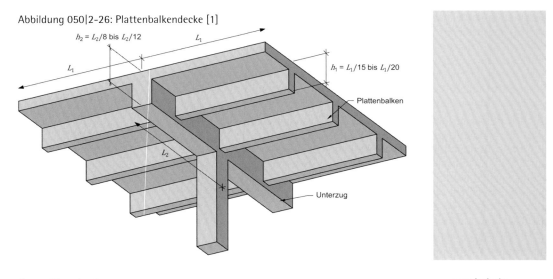

Kassettendecken

050|2|4|6

Eine konsequente Weiterentwicklung der Rippendecke von der einachsig zur kreuzweise gespannten Platte stellt die Kassettendecke dar.

Abbildung 050|2-27: Gestaltungsmöglichkeiten von Kassettendecken

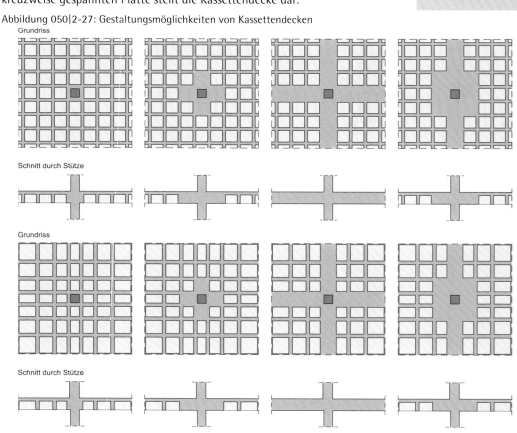

Da große Stützweiten bei Flachdecken große Momente und somit in Feldmitte große Deckenstärken bedingen, werden bei Kassettendecken die Feldbereiche durch eine Querschnittsauflösung und somit signifikante Gewichtsreduktion gekennzeichnet. Ausgefüllte Kassettenfelder lassen dennoch massive Stütz- bzw. Gurtfelder zu. Somit lassen sich bei Deckenstärken von 30 bis 45 cm Spannweiten bis zu 12 m, in Extremfällen bis zu 18 m ausführen.

Die Herstellung erfolgt meist durch Betonieren über werkmäßig vorgefertigte Schalkörper (mehrfach verwendbar aus z. B. glasfaserverstärktem Polyester oder als verlorene Schalung aus Faserzement), die auf die Grundschalung aufgesetzt werden. Die Einlageabmessungen betragen zwischen 0,50 x 0,50 m und 1,50 x 1,50 m. Aus konstruktiven Gründen ist die Verkleinerung der Rippenabstände im Stützenbereich zwar günstiger, aus wirtschaftlicher Sicht sind aber gleiche Schalkörper und damit gleiche Rippenabstände zu bevorzugen.

Rostdecken sind Decken, bei denen die mittragende Platte von geringer Bedeutung für die Tragfähigkeit des Deckensystems ist. Sie werden für sehr große Spannweiten verwendet. Die Untersicht kann bei sorgsamer Planung und sorgfältiger Ausführung eine hohe optische Qualität erreichen und macht den Einsatz von Unterdecken hinfällig.

Eine konsequente Weiterentwicklung der Rippendecke von der einachsig zur kreuzweise gespannten Platte stellt die Kassettendecke dar.

Abbildung 050|2-28: Bewehrungsführung einer Kassettendecke

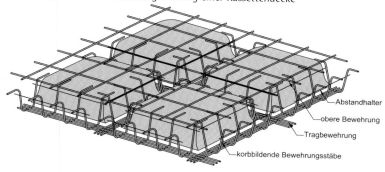

Für die Abschätzung der gesamten Deckenstärke – also Rippe samt Deckenspiegel angegeben – bei Kassettendecken wurde eine der konstruktiven Ausbildung entsprechende zweiachsige Tragwirkung angesetzt.

Abbildung 050|2-29: Richtwerte für Deckenstärken von Rippen- und Kassettendecken

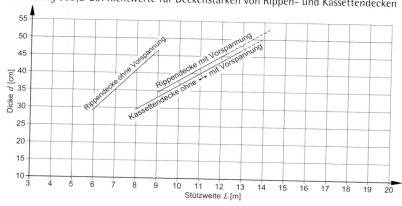

Hohlkörperdecken

Einachsige Hohlkörperdecken werden hauptsächlich als Vollmontagedecken hergestellt. Eine Ausführung in Ortbeton unter Verwendung von rohrförmigen Verdrängungskörpern ist derzeit gering. Zweiachsige Hohlkörperdecken, unter den Namen „BubbleDeck®" oder „Cobiax®" am Markt, verhalten sich im eingebauten Zustand wie eine massive Flachdecke bei einer Eigengewichtsverringerung von rund 30 %. Auch Ausführungen mit Vorspannung sind möglich, wobei die erforderlichen Vorspannkräfte wegen des geringeren Eigengewichtes kleiner werden.

Das Prinzip dieser Hohlkörperdecken besteht darin, Grundmodule, bestehend aus den Hohlkörpern und der Bewehrung, industriell vorzufertigen und auf der Grundschalung zu verlegen. Die Zweiachsigkeit wird durch das Einbringen einer Querbewehrung von Modul zu Modul erzeugt. Hohlkörper aus PEHD (Polyethylenregenerat hoher Dichte) werden als Verdrängungskörper verwendet. Diese werden von oben und unten liegenden Bewehrungslagen gehalten und ermöglichen nach der Verfüllung der Zwischenbereiche mit Beton die Ausbildung eines räumlichen Fachwerkes, sodass auch Querkräfte aufgenommen werden können. Mit diesem Deckensystem sind Deckenstärken von bis zu 80 cm möglich.

Abbildung 050|2-30: Aufbau von „BubbleDeck®" oder „Cobiax®" Hohlkörperdecken

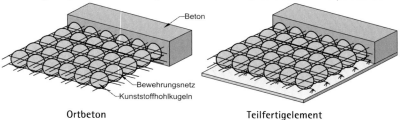

Ortbeton   Teilfertigelement

Hohlkörperdecken können hinsichtlich ihres bauphysikalischen Verhaltens wie Hohldielen mit einem vergleichbaren Hohlraumanteil angesehen werden. Die entsprechenden Kennwerte sind in Beispiel 050|2-04 enthalten.

> Einachsige Hohlkörperdecken werden hauptsächlich als Vollmontagedecken hergestellt.

> Grundmodule, bestehend aus den Hohlkörpern und Bewehrung, werden vorgefertigt und auf der Grundschalung verlegt.

Vorgespannte Decken

Wie schon angeführt sind weitgespannte und schlanke Tragsysteme wirtschaftlich nur unter Verwendung von vorgespannter Bewehrung auszuführen. Die Umlenkkräfte aus der Vorspannung „entlasten" die Konstruktion primär von den Auswirkungen des Eigengewichts und verringern dadurch auch die auftretenden Verformungen. Das ist besonders bei Flachdecken interessant, die schon prinzipiell mangels steifer Stützelemente (wie Unterzüge oder Querbalken) im Vergleich mit solchen randgestützten Systemen ein ungünstigeres Kurz- bzw. Langzeitverformungsverhalten aufweisen. Setzt man also für Flachdecken ab ca. 8,0 m Stützweite eine Vorspannung ein, dann können

- die Durchbiegungen sowie die dabei auftretenden Risse stark reduziert,
- die Biegebeanspruchungen durch die Umlenkkräfte verringert,
- der Durchstanzwiderstand durch die über die Stützen geführten Spannglieder erhöht
- und die Ausschalfristen reduziert werden.

> Mit Vorspannung weisen Flachdecken ein geringeres Verformungsverhalten auf.

Außerdem ist das Arbeiten mit kleineren Deckenstärken möglich, was wieder eine positive Auswirkung auf die Grundrissgestaltung (z. B. erforderliche Rampenlängen bei Parkhäusern) und Fundamentdimensionen hat.

Angewendet werden vorgespannte Flachdecken seit circa 60 Jahren in den USA und Australien, nach Europa kam diese Entwicklung um rund 10 Jahre zeitversetzt. Während jedoch in den Vereinigten Staaten die Flachdecken mit verbundloser Vorspannung hergestellt werden, wurde in Europa zu Beginn die Vorspannung mit Verbund aufgrund der herrschenden Normensituation bevorzugt.

Die Spanngliedanordnung einer vorgespannten Flachdecke wird wesentlich durch folgende Gesichtspunkte bestimmt:

- Geometrie des Bauwerkes
- statisches Erfordernis im Zusammenwirken mit der erforderlichen schlaffen Mindestbewehrung
- Widerstand gegen Durchstanzen
- einfaches Verlegen der Spannglieder
- Minimierung der Materialkosten

Abbildung 050|2-31: Wirkungsweise vorgespannte Flachdecke, Spanngliedlagen bei Flachdecken

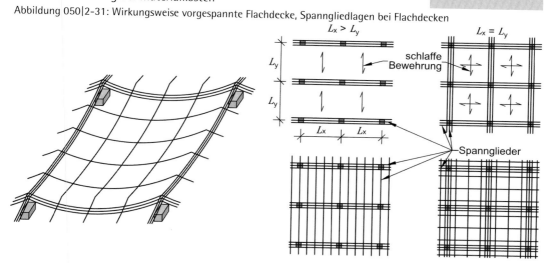

Vorspannung ohne Verbund

Dies ist die für Flachdecken zumeist angewendete Konstruktionsform, wobei man üblicherweise Monolitzen, im Paket mit bis zu vier Stück, einsetzt. Generell werden auch nur geringe Vorspanngrade benötigt, die eine wirtschaftliche Optimierung der Vorspannglieder bzw. des notwendigen Schlaffstahles ermöglichen. Durch die Entwicklung der so genannten freien Spanngliedlage, bei der die Spannkabel nur an ihren Hoch- und Tiefpunkten befestigt werden und dazwischen frei durchhängen, konnte der Herstellungsaufwand signifikant reduziert werden. Die Spannkabel werden dabei meist in den Gurtstreifen konzentriert, d. h. in Stützennähe angeordnet, und erhöhen durch ihre Krümmung über der Stütze und die dadurch erzeugten Umlenkkräfte den Durchstanzwiderstand erheblich.

Vorteile:

- Korrosionsschutz der Spannkabel ab Werk
- einfaches und rasches Verlegen der Spannglieder

- Die Reibungsverluste beim Spannen sind geringer als bei der Vorspannung mit Verbund.
- Das Verpressen der Hüllrohre entfällt.
- Größere Nutzhöhe (statische Höhe) bringt Materialersparnis.
- Spannglied kann eventuell nachträglich getauscht werden.

Nachteile:

- Das örtliche Versagen eines Monolitze führt zu dessen völligem Ausfall.
- geringerer Anteil der Spannkabel an der Risseverteilung
- Bei Laststeigerung von Gebrauchslast auf Traglast kommt es nur zu einer geringfügigen Zunahme der Stahlspannungen. Den wesentlichen Anteil zur Deckung der Laststeigerung muss die schlaffe Bewehrung abdecken.

In der Regel ist der Nenndurchmesser der Monolitzen 1/2 bis 3/4 Zoll. Die Litzen werden werkseits mit Dauerkorrosionsschutzfett umhüllt und direkt mit einem Polyäthylen- oder Polypropylenrohr überzogen. Der Verlege- und Spannvorgang ist analog zur Vorspannung mit Verbund, nur das Injizieren entfällt.

Abbildung 050|2-32: beispielhafte Konstruktionsdetails bei Vorspannung ohne Verbund

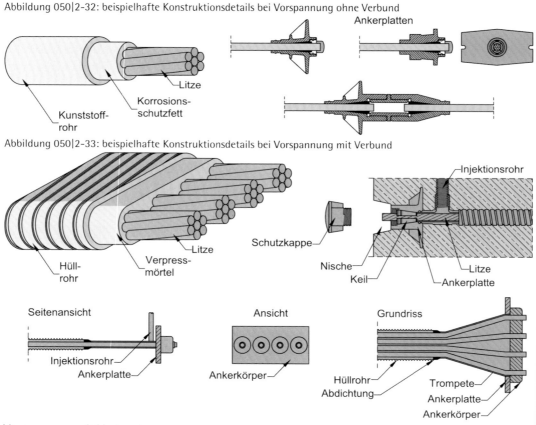

Abbildung 050|2-33: beispielhafte Konstruktionsdetails bei Vorspannung mit Verbund

Vorspannung mit Verbund

Wird für Flachdecken nur mehr in Ausnahmefällen eingesetzt. In Hüllrohre, üblicherweise aus gewelltem Blech vorwiegend in flacher, ovaler Form, werden 4 Litzen eingezogen. An beiden Enden der Spannglieder sind in der

Regel Ankerkörper vorgesehen. Nach dem Betonieren und Erreichen einer Mindestbetonfestigkeit werden die Litzen mittels Spannpressen gespannt und in den Ankerbüchsen verkeilt. Anschließend wird der Spannkanal durch vorgesehene Injektionsrohre mit Zementmörtel satt ausgepresst.

Vorteile:

- hohe Ausnutzung des Spannstahles im Zustand der rechnerischen Traglast
- Das örtliche Versagen eines Spannkabels hat nur begrenzte Auswirkung auf die Tragfähigkeit der Deckenkonstruktion.
- Durch Verpressen der Hüllrohre wird ein dauerhafter und sicherer Korrosionsschutz des Spannstahles erreicht.

Nachteile:

- geringere Nutzhöhe gegenüber der verbundlosen Vorspannung bei gleicher Deckendicke
- zusätzlicher Aufwand durch das Verpressen der Spannkanäle

Teilmontagedecken

050|2|5

Die Abgrenzung der Teilmontagedecken von den Ortbetonkonstruktionen ist durch die parallellaufende Entwicklungsgeschichte in der Frühphase der Stahlbetonkonstruktionen nicht scharf möglich. Zwischen Balken eingehängte Füllkörper waren teils Schalung für die Ortbetondecke, teils verblieben sie im Bauwerk und erfüllten die Aufgabe der Weiterleitung der Lasten zu den tragenden Rippen. Die frühzeitige Entdeckung, dass sich die gesamte Rippe ebenfalls vorfertigen lässt und nur mehr vor Ort ausgegossen werden muss, zeigt wiederum die Nähe zu den Vollmontagesystemen. Das Kriterium für die Teilmontagedecken ist also der auf der Baustelle hergestellte Betonverguss mit der Möglichkeit des Einlegens und Anschließens von zusätzlichen Bewehrungseisen.

Die Abgrenzung der Teilmontagedecken von den Ortbetonkonstruktionen ist nicht scharf möglich.

Rippendecken, Füllkörperdecken

050|2|5|1

Füllkörperdecken sind aus konstruktiver Sicht Rippendecken und bestehen aus teilweise vorgefertigten, deckengleichen Trägern, zwischen denen Füllkörper eingehängt werden. Die im Bereich des Trägers entstehenden Fugen müssen mit Ortbeton vergossen werden, die Fertigteilrippen können als volle Betonquerschnitte oder aber mittels Gitterträger ausgeführt und schlaff bewehrt sein oder vorgespannt mit aufbiegbaren Bügeln hergestellt werden, ihr Abstand beträgt maximal 75 cm. Das Material der Füllkörper reicht von gebranntem Material (Ziegel) bis zu Porenbeton. Hohlsteine werden mit geschlossener Untersicht oder als Kappensteine mit offener Untersicht ausgeführt. Die Form der Füllsteine bestimmt dann den Namen der Deckenform.

Füllkörperdecken bestehen aus teilweise vorgefertigten, deckengleichen Trägern, zwischen denen Füllkörper eingehängt werden.

Abbildung 050|2-34: Rippendecken mit nichttragenden oder tragenden Füllkörpern

Hohlsteindecke   Kappendecke   Plattendecke

Füllkörper können auch statisch mitwirken, in diesem Fall ist dann kein Aufbeton erforderlich. Für statisch nicht mitwirkende Füllkörper ist ein Aufbeton von 4-6 cm Stärke vorzusehen. In diesen kann eine zusätzliche

Querbewehrung verlegt werden. Bei hohen Auflasten oder großen Spannweiten ist oft eine stärkere Ortbetondruckplatte zur Erhöhung der Tragfähigkeit notwendig. Eine Mindestverteilbewehrung ist immer in die Nuten der Deckensteine einzulegen, diese werden mit dem Verguss der Rippen verschlossen. Die Tragelemente müssen in bestimmten Abständen bis zum Erhärten des Vergussbetons unterstützt werden.

Abbildung 050|2-35: Aufbau Füllkörperdecke

Beispiel 050|2-02: Füllkörperdecke – Gitterträger, Füllkörper [97][93]

Der Begriff Stahlsteindecke ist in der DIN 1045-100 [23] verankert und zum Teil als historisch zu sehen. Das System besteht aus mittragenden Füllkörpern und aus den durch die Ziegelform gebildeten dazwischen liegenden Rippen, welche einen engen Achsabstand von maximal 25 cm haben. Die heutige Bedeutung liegt in der Herstellung von bis zu 2,5 m breiten Decken- und Dachbauteilen als Fertigteilplatten, die bei normgerechter Auflagerung vollkommen unter-stützungsfrei montiert werden können. Hier ist auch die augenscheinlichste Unterscheidung zu den als Hohlsteindecken – Fertigteilrippendecken am Markt befindlichen Systemen, die vor Ort ausbetoniert werden. Fertigteilrippen-decken, aber auch Fertigteilplattendecken müssen während des Verlege- und Betoniervorganges durch quer zur Spannrichtung angeordnete Träger („Rasteln") unterstützt werden. Die Mittelunterstellungen bestehen in der Regel aus einem Schalungsträger im Haltekopf über Deckenstützen mit Aufstellhilfen. Zumeist ist auch im Auflagerbereich eine Montagelagerung auf einem Begleitträger – der oftmals auch die Fuge zwischen Decke und Auflagerrost abschalt – vorgesehen, diese Randauflagerung wird oft noch aus Staffelhölzern (10/10 cm) auf Baustützen hergestellt. Als Faustregel werden Unterstellungs-reihen alle 1,5 m (auf der sicheren Seite liegend) angeordnet. Eine Montagenutzlast von 1 kN/m² ist anzunehmen, die Lasten des Frisch-betongewichts sind zu berücksichtigen. Im Detail ist der erforderliche Unterstellungsabstand vom verlegten Deckentyp (der Höhe des Aufbetons), dessen Bewehrung und vor allem von der Art des Gitterträgerobergurtes abhängig. Die am Markt befindlichen Deckensysteme weisen systembedingt

Während des Verlege- und Betoniervor-ganges müssen Fertigteilrippendecken und Fertigteilplatten-decken durch quer zur Spannrichtung angeordnete Träger unterstützt werden.

unterschiedliche zulässige Beanspruchungen aus, für die typenstatische Berechnungen und Bemessungstabellen vorliegen.

Tabelle 050|2-06: technische Daten Füllkörperdecken [97]

Aufbeton [cm] Deckenstärke [cm] lichte Weite [m]	Bemessungswerte der Belastung (ständig + veränderlich) [kN/m²]														
	EZ 60/17					EZ 45/17					EZ 45/21				
	4 21	5 22	6 23	7 24	8 25	4 21	5 22	6 23	7 24	8 25	4 25	5 26	6 27	7 28	8 29
3,50	8,2	8,5	8,8	9,2	9,5	11,8	12,4	12,9	13,5	14,0	14,5	15,0	15,6	16,1	16,6
4,00	8,5	8,8	9,2	9,5	9,9	12,2	12,8	13,4	14,0	14,5	15,0	15,5	16,1	16,7	17,2
4,50	7,6	7,9	8,2	8,5	8,8	11,0	11,5	12,0	12,5	13,1	13,5	15,5	16,1	16,7	17,2
5,00	5,9	6,5	7,8	8,1	8,4	9,3	11,0	11,5	12,1	12,6	13,2	13,7	14,2	14,7	15,2
5,50	3,2	4,7	6,3	6,9	7,2	6,7	7,6	9,0	10,2	10,9	11,8	12,3	12,7	13,2	13,6
6,00	-	-	-	2,2	5,4	4,0	5,4	6,3	7,2	8,2	8,5	9,6	9,9	10,2	10,5
Eigengewicht [kN/m²]	2,73	2,97	3,21	3,45	3,69	2,96	3,20	3,44	3,68	3,92	3,60	3,84	4,08	4,32	4,56

Verguss- und Aufbeton: C 20/25

Abhängig vom Deckensystem ergeben sich bei Deckensystemen mit Füllkörpern von der Deckenstärke abhängige Wärmeleitzahlen und mittlere Rohdichten, die zu einer Beeinflussung des Wärme- und Schallschutzes führen.

Beispiel 050|2-03: Wärme-, Schallschutz von Innendecken mit Füllkörpern

Dicke [cm] A	B	C	Schichtbezeichnung	ρ [kg/m³]	λ [W/(mK)]
2,0	2,0	2,0	Belag	-	-
6,0	6,0	6,0	Estrich	2000	1,500
-	-	-	Trennlage	-	-
d_1	d_1	d_1	Trittschalldämmung	20	0,040
d_2			Wärmedämmung	20	0,040
	5,0	5,0	Schüttung gebunden EPS-Beton	500	0,150
t	t	t	Füllkörperdecke (ev. mit Aufbeton)	siehe Wärme/Schall	
	d_2	d_2	Wärmedämmung	20	0,040
1,5	1,5	1,0	Deckenputz	1600	0,700

$d_1 \geq 3$ cm

Variante	d_1+d_2 [cm]	Wärmeschutz U-Wert [W/(m²K)] bei Deckenstärke t [cm]				$L_{n,w}$ [dB] bei Deckenstärke t [cm]				Schallschutz R_w [dB] bei Deckenstärke t [cm]			
		22 0,52	24 0,58	26 0,66	28 0,70	22 1300	24 1400	26 1500	28 1550	22 1300	24 1400	26 1500	28 1550
A	3	0,64	0,65	0,66	0,65								
	6	0,43	0,44	0,44	0,44								
	8	0,36	0,36	0,36	0,36	48	46	44	42	62	63	64	64
	10	0,30	0,30	0,31	0,30								
	14	0,23	0,23	0,23	0,23								
	18	0,19	0,19	0,19	0,19								
B	-	0,88	0,89	0,90	0,90	71	69	68	67	60	62	63	64
	3	0,53	0,53	0,54	0,54	46	44	42	40	63	64	65	65
C	3	0,53	0,53	0,53	0,53								
	6	0,38	0,38	0,38	0,38								
	8	0,32	0,32	0,32	0,32	41	41	41	39	65	66	67	67
	10	0,27	0,27	0,28	0,28								
	14	0,22	0,22	0,22	0,22								
	18	0,18	0,18	0,18	0,18								

Großflächenplatten – Elementdecken

050|2|5|2

Im Bestreben, den Schalungsaufwand zu minimieren und gleichzeitig die Vorteile einer massiven Stahlbetonplatte zu realisieren, wurde das System der Rippendecke mit Einhängplatte zu einer vorgefertigten Stahlbetonplatte mit Tragbewehrung für den gesamten Deckenquerschnitt und versteifenden, den späteren Verbund sicherstellenden Bügelrippen erweitert. Elementdecken sind Teilfertigdecken aus Stahlbeton gemäß ÖNORM EN 13369 [73]. Sie bestehen

Elementdecken kombinieren geringen Schalungsaufwand mit den Vorteilen einer massiven Stahlbetonplatte.

aus großformatigen 7 bis 8 cm dicken Fertigteilplatten, die durch Ortbeton ergänzt werden.

Durch das Vorhandensein von einfachen Hubgeräten an jeder Baustelle können die bis zu 2,6 m breiten Elementplatten überall eingesetzt werden und fanden starke Verbreitung im Deckenbau. Die Vorteile von Ortbetonplattensystemen und die von weitgehend schalungsfreien Fertigteildecken werden bei dieser Bauform kombiniert, wodurch sich Kosten und Bauzeit verringern lassen. Gegenüber Hohlplatten liegt aber ein höheres Gewicht vor, was sich sowohl in den erforderlichen Deckenstärken, geringeren Spannweiten der Decke selbst als auch in den höheren Belastungen der Stützkonstruktionen widerspiegelt.

Die Fertigplatten werden in Bahnen- oder Palettenfertigung auf Umlaufanlagen hergestellt. Die Dicke der Elemente hängt in der Regel von der aus klimatischen und brandschutztechnischen Gründen erforderlichen Betonüberdeckung, der Größe der Bewehrung und den gewünschten unterstellungsfreien Weiten im Bauzustand ab. Die Betongüte der Elemente ist in der Regel C25/30. Die Platten haben eine ebene Untersicht. Im Gegensatz dazu ist die Oberseite der Platten bewusst aufgeraut, um eine bessere Verbindung mit dem Aufbeton zu erzielen. Als Bewehrung kommen Stabstahl der Güte B550 und Gitterträger zur Sicherung des Verbundes mit dem Ortbeton zum Einsatz. In der Regel werden die Elemente einachsig gespannt.

Gegenüber Hohlplatten liegt ein höheres Gewicht vor, was sich in den erforderlichen Deckenstärken, geringeren Spannweiten der Decke und in höheren Belastungen der Stützkonstruktionen widerspiegelt.

Abbildung 050|2-36: Elementdecke

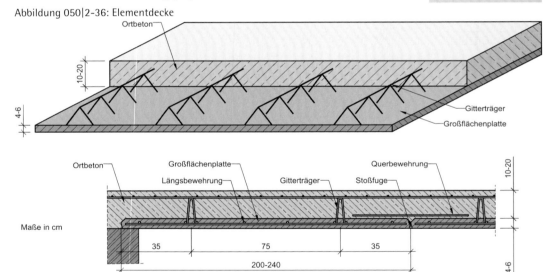

Die laut statischer Berechnung erforderliche untere Biegebewehrung wird in den Elementen verlegt, wobei die Untergurte der Gitterträger angerechnet werden. Die statisch erforderliche Querbewehrung kann vollständig im Aufbeton oder in den Fertigteilen verlegt werden. Im zweiten Fall ist eine fugenübergreifende Stoßbewehrung im Aufbeton vorzusehen. Durch die Betonergänzung auf der Baustelle (in der Regel C25/30) und zusätzliche Bewehrung, die auch kreuzweise verlegt werden kann und damit eine zweiachsige Tragwirkung erreichen lässt, oder die eventuell erforderliche Stützenbewehrung wird eine vollwertige Stahlbetonplatte fertig gestellt. Die Kontinuität der Decke als Platte oder Scheibe ist durch den bewehrten Aufbeton gewährleistet.

Die Gitterträger werden in der Regel im Abstand von 60 cm in die Platte einbetoniert und müssen mehrere Funktionen erfüllen:

- Herstellen einer ausreichenden Steifigkeit der Elemente für den Montagezustand und das Einbringen des Ortbetons
- Verbesserung des Verbundes zwischen dem Beton der Fertigteile und der Ortbetonschicht
- Mitwirkung der Diagonalen des Gitterträgers als Schubbewehrung
- Mitwirkung der Untergurte als Biegezugbewehrung

Elementdecken werden auch mit schon werksseitig angeschlossenen Verdrängungskörpern aus Polystyrol hergestellt, die größere Deckenspannweiten bei geringerem Eigengewicht ermöglichen sollen. Die Bemessung und konstruktive Ausführung der Fertigteile und der endgültigen Deckenkonstruktion erfolgt nach den einschlägigen Normen. Alle erforderlichen Aussparungen, Deckendurchbrüche, Elektrodosen, Wassernasen, Schrägen, Stirnabschalungen, Einbauteile etc. können bei der Planung und Produktion berücksichtigt werden.

Abbildung 050|2-37: Elementdecke mit Verdrängungskörper aus Polystyrol

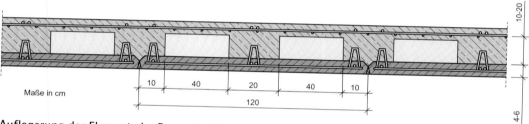

Maße in cm

Auflagerung der Elemente im Bauzustand:

Im Bauzustand müssen die Elemente unterstellt werden. Die zulässige Entfernung dieser Unterstellung ist von der Anzahl und Art der Gitterträger, der Dicke und der Betongüte der Elemente sowie der Gesamtdeckenstärke abhängig, man muss aber zumindest mit 2 Reihen pro Feld rechnen. Für die Auflagerung im Bereich von Wänden oder Unterzügen gilt:

- Keine direkte Auflagerung der Elemente auf Wand oder Unterzug, es ist eine Randunterstellung vorzuziehen. Der Spalt zwischen Deckenplatte und Mauerkrone muss dann vollständig gemeinsam mit dem Rost ausbetoniert werden.
- kurze Auflagerung als trockenes Auflager
- lange Auflagerung im Mörtelbett

Abbildung 050|2-38: Rostausbildung, Auflager – Elementdecke

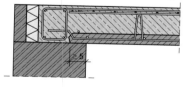
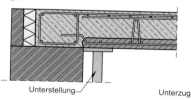
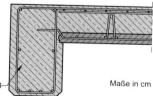

Unterstellung

Unterzug

Maße in cm

Wenn die FT-Elemente nur eine kleine Auflagertiefe aufweisen, ist die Hauptbewehrung jedenfalls weiter in den Rost einzubinden, um die geforderte Verankerungslänge zu gewährleisten. Für die Rostausbildung gelten die gleichen Anforderungen wie für Stahlbetondecken – Kappeisen ersetzen in der Regel die Endnadeln. Die vorhandene Plattenbewehrung kann für die erforderliche Rostbewehrung angerechnet werden.

Für Bereiche von Unterzügen können wie für die Decke vorgefertigte Unterzugsteile versetzt werden, die wegen der großen Schlankheit in der Regel aber vorgespannt sind. Nach dem Betonieren bilden sie mit dem Ergänzungsbeton der Decke einen flachen Unterzug.

Abbildung 050|2-39: vorgespannte Flachunterzüge [1]

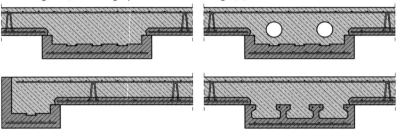

Bauphysikalisch verhalten sich Deckensysteme aus Großflächenplatten und Teilfertigteilen mit Ortbetonergänzung wie Stahlbetondecken. Die erforderlichen Werte des Wärme- und Schallschutzes sind einerseits durch zusätzliche Dämmschichten und andererseits durch die Flächenmasse der Rohdeckenkonstruktion erfüllbar.

Bauphysikalisch verhalten sich Deckensysteme aus Großflächenplatten und Teilfertigteilen mit Ortbetonergänzung wie Stahlbetondecken.

Vorgespannte Elementdecken

Heute wird ein großer Anteil der Geschoßdecken aus Fertigteilplatten mit auf der Baustelle aufgebrachter Betonergänzung (Elementdecken) hergestellt. Dem Vorteil der teilweisen Vorfertigung und der dabei eingesparten Schalungskosten stehen die relativ kleinen üblichen Spannweiten bis 7 m bzw. die höheren Deckenstärken bei größeren Spannweiten wie auch die Montagestützweiten von 2,0 bis 2,5 m gegenüber. Durch Vorspannung der Elementdecken lassen sich gleichzeitig die Schlankheiten reduzieren bzw. die sinnvollen Spannweiten bis zu 12 m anheben und die Montagestützweiten vergrößern. Durch die Ortbetonergänzung ergeben sich dann monolithische Bauteile, und es kann auch eine Durchlaufwirkung hergestellt werden.

Heute wird ein großer Anteil der Geschoßdecken aus Fertigteilplatten mit Betonergänzung hergestellt.

Durch Vorspannung der Elementdecken lassen sich die Spannweiten anheben und die Montagestützweiten vergrößern.

Die Besonderheit dieses Systems liegt darin, dass die Fertigteilplatten werkseitig vorgespannt werden und die Schubkraftübertragung zwischen Ortbetonergänzung und Fertigteil über eine raue Fuge ohne Bewehrung nur durch die Haftfähigkeit sowie auch über Formschluss sichergestellt wird. Manche Systeme weisen deshalb eine profilierte Betonoberfläche auf, wobei eine hinterschnittene schwalbenschwanzförmige Betonprofilierung optimal ist. In Deutschland liegen seit 1986 Zulassungen für vorgespannte Elementdecken aus normalfestem Beton vor. Die vorgespannten Großflächendeckenplatten werden im Gleitfertigerverfahren auf stationären beheizbaren Stahlschalungen praktisch im Endlosverfahren auf bis zu 150 m langen Spannbahnen hergestellt und nach dem Erhärten des Betons und dem Lösen der Spannbewehrung mittels Diamantsägen auf die erforderlichen Lieferlängen zugeschnitten. Diese Fertigungsform ermöglicht das Einlegen einer schlaffen Querbewehrung, was bei Extruderfertigung (beispielsweise für Hohldielen) nicht möglich ist. Die Regelbreite der Elemente beträgt 1,20 bzw. 2,40 m, eine übliche Betongüte ist

8,0 m herstellbar, die wegen der guten Dämmwirkung praktisch ohne negative Wärmebrücke möglich werden.

Hohldielen, Hohlplatten

Sind die Hohlkörperdecken Ortbetondecken mit eingelegten Verdrängungskörpern, ist die Hohldiele bzw. die Hohlplatte dazu das Pendant bei Vorfertigung im Werk. Während bei den Ortbetonhohlkörperdecken die Verwendung von schlaffer Bewehrung üblich ist, ist für die Hohldielen wegen der größeren erreichbaren Schlankheit die Vorspannung mit sofortigem Verbund die Regel.

Vorgespannte Hohldielen oder Hohlplatten wurden ursprünglich in den Niederlanden entwickelt. Ihre Tragwirkung entspricht einer Platte mit Hauptbewehrung in einer Richtung. Die einachsig lastabtragenden Dielen werden in der Regel mit Spanndrahtlitzen 3/8" bzw. 1/2" der Güte Y1570/1770 vorgespannt. Die erforderliche Zugbewehrung liegt an der Plattenunterseite im Bereich der Stege. Die höheren Dielen erhalten auch an der Oberseite eine Montagebewehrung. Die Spannbewehrung wird durch direkten Verbund verankert. Eine Querbewehrung ist nicht vorgesehen. Um die Querkrafttragfähigkeit sicherzustellen, muss immer ein Restquerschnitt von mindestens 30 % der Gesamtbreite verbleiben. Durch die runden, ovalen oder auch rechteckigen Hohlräume ergeben sich Kosten- und Materialersparnisse von bis zu 40 %.

Die Tragwirkung von vorgespannten Hohldielen entspricht der einer Platte mit Hauptbewehrung in einer Richtung.

Abbildung 050|2-44: Spannbetonhohldielen

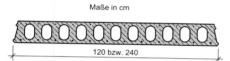 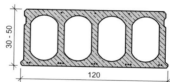

Die Hohldielen werden üblicherweise in den Stärken 16, 20, 26, 32, 40, 45 und 50 cm hergestellt. Die Plattenbreite beträgt in der Regel 1,20 m, die Elementlängen sind abhängig von den Transportmöglichkeiten bis zu 23,5 m. Passplatten werden durch Längsschnitt im Bereich der Hohlräume von Regelplatten produziert. Die genauen Abmessungen und Elementtypen sind den Unterlagen der Hersteller zu entnehmen. Hinsichtlich dynamischer Beanspruchung und konzentrischer Lasteintragung ist auf die jeweilige Zulassung zu verweisen. Die Decken können sowohl im Stahl- und Stahlbetonskelettbau als auch im normalen Mauerwerksbau eingesetzt werden. Das statische System ist in der Regel ein Einfeldträgersystem, in Sonderfällen ist allerdings auch eine Ausführung als Kragplatte mit einbetonierter schlaffer Bewehrung in einigen Hohlräumen bzw. im Aufbeton möglich. Bei diesen Varianten hat der Aufbeton entweder nur lastverteilende oder mitwirkende Funktionen, diese Lösungen sollten aber nur für untergeordnete Zwecke umgesetzt werden.

Die Herstellung der Spannbetonhohldielen weist wie bei vorgespannten Elementdecken einen sehr hohen Mechanisierungsgrad auf. Auf den stationären beheizbaren Stahlschalungen mit bis zu 150 m langen Spannbahnen fertigt man entweder mittels Gleitfertiger oder Extruder. Beim Extruderverfahren wird der Frischbeton mittels Schnecken unter Druck in die endgültige Form gebracht, wodurch sich sehr hohe Betonfestigkeiten erzielen lassen. Die Mindestbetongüte der Spannbetonhohldielen ist üblicherweise ein C 70/80. Aussparungen können direkt nach dem Betonieren mit Betonsaugern am frischen Beton hergestellt werden. Nach Erreichen einer Betondruckfestigkeit von rund 25 N/mm² im Alter von 10 bis 14 Stunden werden die einzelnen Deckenelemente mit einer Diamantsäge auf die erforderlichen Längen geschnitten. Durch das Trennen der Spanndrähte wird gleichzeitig die Vorspannung von dem Spannbett auf die Spannbetonhohldielen aufgebracht.

Abbildung 050|2-45: Richtwerte für Spannbeton-Hohldielen

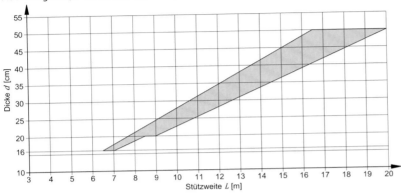

Bei Transport und Montage müssen spezielle Montagezangen verwendet werden, um Längsrisse infolge unplanmäßiger Querbiegebeanspruchung zu vermeiden. Gemäß deutschen Zulassungen dürfen nur rissfreie Platten eingebaut werden. Das nachträgliche Fräsen und Bohren von Aussparungen im Bereich der Hohlkörper ist möglich, wenn die Arbeiten von Fachkräften ausgeführt werden. Auch hier ist nach Abschluss der Arbeiten die Rissfreiheit zu überprüfen. Da die Hohlplatten für die vertikale Lastabtragung keine weitere Bewehrung benötigen, können sie nach dem Verlegen ohne Unterstellung sofort begangen werden. Beim Verlegen ist auf eine gleichmäßige Durchbiegung benachbarter Platten zu achten. Treten unterschiedliche Durchbiegungen auf, wird der Höhenausgleich durch Montageklemmen vorgenommen. Die einzelnen Elemente werden dann mittels Fugenverguss (C 25/30) sowie Fugen-, Anschluss- und Rostbewehrung zu tragfähigen Deckenscheiben verbunden, welche auch ohne Aufbeton die horizontale Gebäudeaussteifung sicherstellen.

Bei Transport und Montage der Hohldielen müssen spezielle Montagezangen verwendet werden, um Längsrisse zu vermeiden.

Die einzelnen Elemente werden mittels Fugenverguss zu tragfähigen Deckenscheiben verbunden.

Abbildung 050|2-46: Hohldiele – Rostausbildung, Auflager auf Massivwand

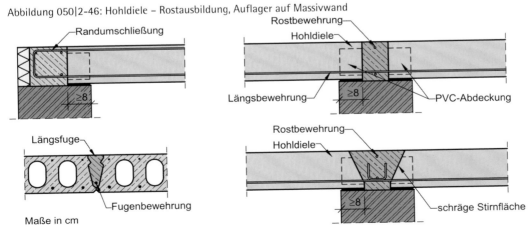

Hohldielen haben in der Regel keine Querbewehrung und können Querbiegung kaum aufnehmen. Zwänge aus ungleichmäßiger Auflagerung werden vermieden, wenn die Hohldielen in ein „frisches", das heißt noch leicht plastifizierendes Mörtelbett versetzt werden. In Stahlträgern werden Hohldielen auf Elastomerstreifen aufgelegt, dabei ist aber darauf zu achten, dass durch Querzugkräfte keine unzulässigen Beanspruchungen in den Dielenenden entstehen. Die Mindestauflagertiefe ist nicht nur durch die Tragfähigkeit des Auflagers bestimmt, sondern muss auch die Ausleitung der Querkräfte aus dem Dielensteg und die Verankerung der Spannlitze ermöglichen. Hier werden als unterste Grenze 6 cm angesehen. Der Kraftfluss von tragenden Wänden und Stützen darf durch eine elastische Zwischenschicht nicht unterbrochen werden. Die Lagerung der Platten auf Elastomerstreifen ist daher nur zulässig, wenn die Decke nicht durch weiterführende Wände belastet wird, d. h. in der Regel bei der obersten Geschoßdecke. Die Verbindung mit dem Rost wird entweder durch eine aus der Stirnfläche ragende Bewehrung oder durch eine in den Fugen (Vergussstreifen) liegende Zusatzbewehrung erreicht.

Der vertikale Kraftfluss von tragenden Wänden und Stützen darf durch eine elastische Zwischenschicht zur Lagerung von Hohldielen nicht unterbrochen werden.

Abbildung 050|2-47: Hohldiele – Rostausbildung, Auflager auf Stahlträger

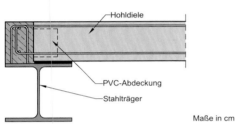
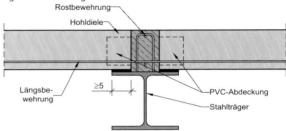

Maße in cm

Das Gedankenmodell zum Quertragvermögen von nebeneinander liegenden Dielen ist das einer Gelenkkette. Durch die Fugenform und den Fugenverguss werden die einzelnen Dielen praktisch miteinander „verdübelt". Druckkräfte (fiktive Auflagerkräfte) können auch schräg übertragen werden, da ein Auseinanderschieben der Dielen durch die Horizontalkomponente der umgelenkten Druckkraft durch den Rostverschluss verhindert wird. Dadurch können unterschiedliche Lasten querverteilt werden, und die dabei auftretende Querbiegung wird vom hochwertigen Dielenbeton ertragen. In den Zulassungen sind die maximal möglichen Belastungen vor allem aus diesem Grund in der Höhe begrenzt. Die Größe der Lastweiterleitung an die Nachbardielen ist von der Stützweite und vor allem der Lage der Diele im Deckenfeld abhängig.

Tabelle 050|2-09: Querkraftübertragung, Querverteilungszahlen bei Hohldielen [1]

Stützweite L [m]	% von q				
4,00	10	20	40	20	10
≥ 8,00	15	20	30	20	15
4,00	65	25	10	0	0
8,00	50	30	20	0	0
12,00	45	30	25	0	0

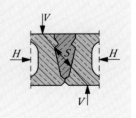

Hohldielen zeigen große Tragfähigkeit bei kleinen Verformungen und sind für weitgespannte Decken geeignet. Die Angaben der Bemessungstabelle (Tabelle 050|2-10) beziehen sich auf zulässige Zusatzlasten (ständig und veränderlich)

zum Eigengewicht der Dielen. Es ist zu beachten, dass Hohldielen in der Regel nur unter statischen Lasten eingesetzt werden dürfen.

Tabelle 050|2-10: technische Daten Spannbetonhohldiele „VSD" [82]

Deckenstärke [cm] Spannweite [m]	maximal zulässige Zusatzlasten (ständig + veränderlich) [kN/m²]						
	VSD-8-16-B 16	VSD-6-20-C 20	VSD-5-26,5-C 26,5	VSD-4-32-C 32	VSD-4-40-C 40	VSD-4-45-C 45	VSD-4-50-C 50
4,0	19,2	–	–	–	–	–	–
4,5	15,4	18,8	–	–	–	–	–
5,0	12,1	16,8	21,2	–	–	–	–
5,5	9,6	15,0	19,0	–	–	–	–
6,0	7,8	13,6	17,2	–	–	–	–
7,0	5,1	10,9	14,3	–	–	–	–
8,0	–	7,8	12,2	17,5	22,1	–	–
9,0	–	5,5	10,5	15,1	19,2	23,8	–
10,0	–	–	9,0	13,2	16,9	21,0	–
11,0	–	–	6,9	11,6	15,0	18,6	22,7
12,0	–	–	5,2	9,1	13,2	16,6	20,4
13,0	–	–	–	7,1	10,6	14,9	18,4
14,0	–	–	–	5,6	8,5	12,1	16,7
15,0	–	–	–	4,2	6,8	9,8	15,1
16,0	–	–	–	–	5,4	7,9	12,5
17,0	–	–	–	–	4,2	6,3	10,3
18,0	–	–	–	–	–	5,0	8,5
19,0	–	–	–	–	–	–	7,0
20,0	–	–	–	–	–	–	5,7

Beispiel 050|2-05: Wärme-, Schallschutz von Innendecken mit Hohldielen

Dicke [cm] A	B	C	Schichtbezeichnung	ρ [kg/m³]	λ [W/(mK)]
2,0	2,0	2,0	Belag	–	–
6,0	6,0	6,0	Estrich	2000	1,500
–	–	–	Trennlage	–	–
d_1	d_1	d_1	Trittschalldämmung	20	0,040
d_2			Wärmedämmung	20	0,040
		5,0	Schüttung gebunden EPS-Beton	500	0,150
t	t	t	Hohldielen	siehe Wärme/Schall	
		d_2	Wärmedämmung	20	0,040
1,0	1,0	1,0	Deckenputz	1600	0,700

$d_1 \geq 3$ cm

Variante	d_1+d_2 [cm]	Wärmeschutz					Schallschutz									
		U-Wert [W/(m²K)] bei Deckenstärke t [cm]					$L_{n,w}$ [dB] bei Deckenstärke t [cm]					R_w [dB] bei Deckenstärke t [cm]				
		16 0,13	20 0,20	32 0,22	40 0,24	50 0,31	16 1530	20 1400	32 1300	40 1250	50 1250	16 1530	20 1400	32 1300	40 1250	50 1250
A	3	0,42	0,47	0,39	0,36	0,36	50	49	43	40	37	61	62	64	65	67
	6	0,32	0,35	0,30	0,28	0,29										
	8	0,28	0,30	0,26	0,25	0,25										
	10	0,24	0,26	0,23	0,22	0,22										
	14	0,20	0,20	0,19	0,18	0,18										
	18	0,16	0,17	0,16	0,15	0,15										
B	-	0,51	0,58	0,46	0,42	0,43	72	71	67	65	63	59	60	64	65	68
	3	0,37	0,41	0,34	0,32	0,33	48	46	41	39	36	62	63	65	66	68
C	3	0,37	0,40	0,34	0,32	0,32	43	44	40	38	36	64	65	67	68	70
	6	0,29	0,31	0,27	0,26	0,26										
	8	0,25	0,27	0,24	0,23	0,23										
	10	0,22	0,24	0,21	0,20	0,21										
	14	0,18	0,19	0,18	0,17	0,17										
	18	0,15	0,16	0,15	0,15	0,15										

Bedingt durch die Hohlkörper wird die mittlere Rohdichte bei Hohldielendecken zum Teil bis auf die Hälfte reduziert. Dadurch resultieren zwar geringere konstruktive Beanspruchungen bedingt durch das geringere Eigengewicht, es werden aber auch die bauphysikalischen Eigenschaften sowohl positiv, als auch negativ beeinflusst. Die geringere mittlere Rohdichte bewirkt einerseits einen besseren Wärmeschutz, andererseits resultiert aber durch die fehlende Masse ein geringerer Luft- und Trittschallschutz der Rohdeckenkonstruktion.

Doppelstegplatten, Trogplatten

050|2|6|3

Speziell im Industrie- und Hallenbau, wo größere Stützweiten bis zu 15 m vorkommen, ist die Doppelstegplatte, auch TT- oder π-Platte genannt, schon seit vielen Jahren stark vertreten, obwohl seit der Mitte der 90er Jahre vorgespannte Hohlplatten immer stärker in den Markt drängen. Beim Einsatz der Fertigteile muss zwischen einer Verwendung als Dachabschluss oder als Geschoßdecke unterschieden werden. Der Dachabschluss erfordert meist große Spannweiten bei geringer, aber gleichmäßiger Belastung und stellt eine gute Einsatzmöglichkeit für diese Deckenart dar. Geschoßdecken sind differenzierter zu betrachten, da möglicherweise größere Einzellasten oder eine gewisse dynamische Belastung berücksichtigt werden müssen. Dies erfordert eine besondere Betrachtung des Fugenproblems und der Querverteilungswirkung. Auch unterschiedlicher Kriecheinfluss kann diesbezüglich eine Rolle spielen. Diese Probleme können beispielsweise durch eine Aufbetonschicht von 5 bis 10 cm ausgeschlossen werden.

Speziell im Industriebau mit größeren Stützweiten kommen auch Doppelstegplatten zum Einsatz.

Die Auflagerung von Zweistegplatten erfolgt entweder auf einem betonierten Wandrost oder auf Fertigteilträgern, wobei in beiden Fällen auf eine gesicherte Abtragung der Einzelkräfte aus den Stegen und eine Aufnahme von horizontalen Kräften aus der Deckenplatte in die Wand zu achten ist.

Abbildung 050|2-48: Zweistegplatten, π-Platten

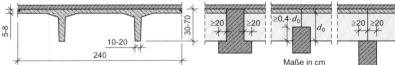

Die Schlankheit L/H von Zweistegplatten beträgt bei Geschoßbauten ca. 15 (L_{max} = 15 m) und bei Dachdecken 25 (L_{max} = 25 m). Als weiterer Vorteil kann auch die Möglichkeit einer angemessenen Installationsführung gesehen werden. Für die Auflager werden die Stege oft ausgeklinkt, um die Bauhöhe zu verringern. Eine Besonderheit stellt die so genannte „Spiegelauflagerung" dar. Dabei ist der Steg bis an die Unterkante der Platte ausgeklinkt. Diese Lösung ist allerdings in der Regel nur bei geringen Auflagerkräften möglich.

Abbildung 050|2-49: Trogplatten

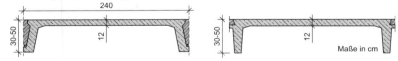

Seltener als Doppelstegplatten sind Trogplatten anzutreffen, da diese nicht den gleichen ausgewogenen Querschnittsaufbau wie die TT-Platten aufweisen. Der Vorteil eines großen und meist 12 cm dicken Plattenspiegels ist jedoch überall dort zu nützen, wo großflächige Durchbrüche oder Öffnungen bzw. die Befahrbarkeit erwünscht sind. Die beiden entlang der seitlichen Begrenzung verlaufenden Stege bilden in der Regel das Profil für den Ortbetonverguss, erforderlichenfalls unter Zulage einer Bewehrung. Im Unterschied zu den TT-Platten bietet die große Steifigkeit an den Stellen der Kopplung Vorteile bei der

Übertragung der Querkraft. Beide Plattentypen können vorgespannt hergestellt werden.

Dimensionierung von Massivdecken

Für die Dimensionierung von Massivdecken gibt es derzeit sowohl nationale als auch europäische Normen für die Mauerwerks- und Beton- bzw. Stahlbeton- bemessung.

Gewölbe

Für die Ermittlung der Tragfähigkeit von Gewölben ist es in erster Linie wichtig, die einzelnen Materialien und deren Bauweise zu kennen.

$$f_k = 0{,}80 \cdot k \cdot f_b{}^a \cdot f_m{}^b$$

(050|2-02)

$k = 0{,}60$ $a = 0{,}65$ $b = 0{,}25$	gemäß ÖNORM B 1996-1-1		
Ziegeldruckfestigkeit f_b [N/mm²]	10,00	15,00	20,00
Mörteldruckfestigkeit f_m [N/mm²] 1,00	2,14	2,79	3,36
1,50	2,37	3,09	3,72
2,00	2,55	3,32	4,00

Unter der Annahme von Gewölben aus Vollziegel und Normalmörtel kann die „Gewölbefestigkeit" ausgedrückt durch die charakteristische Druckfestigkeit f_k eines Mauerwerks (siehe Band 4: Wände [4]) aus Vollziegel und Normalmörtel nach Formel (050|2-02) ermittelt werden. Für die im Gewölbebau üblichen Druckfestigkeiten des Mauersteines (f_b = 10 bis 20 N/mm²) und des Mörtels (f_m = 1,0 bis 2,0 N/mm²) errechnen sich dann Mauerwerksfestigkeiten f_k bis zu 4,0 N/mm². Ausgehend vom vereinfachten Tragmodell mit einer vorwiegenden Druckübertragung im Gewölbe – siehe Formel (050|2-03) – kann ein Gleichgewichtssystem im Zustand der Traglast durch Annahme von drei Gelenken (in den beiden Kämpfern und im Scheitel) definiert und die Lage der Gelenke innerhalb des Gewölbequerschnittes mithilfe einer plastifizierenden Zone in der Stärke von $0{,}3 \cdot t$ festgelegt werden. Durch diese plastifizierte Zone erhöht sich dann der Gewölbestich – bezogen auf die Gewölbeachse – um den Wert von $0{,}7 \cdot t$. Die Ermittlung der Tragfähigkeit erfolgt dann durch Vergleich der in der plastifizierten Zone aufnehmbaren Mauerwerksspannungen mit den durch die Beanspruchung entstehenden Gewölbedruckkräften (= Horizontal- kraft), wobei noch die Teilsicherheiten des Materials und der Einwirkungen zu berücksichtigen sind.

Die Tragfähigkeit von Gewölben ist entscheidend von den geometrischen Randbedingungen und den einzelnen Materialien abhängig.

Abbildung 050|2-50: Gleichgewichtsbedingungen bei Gewölben

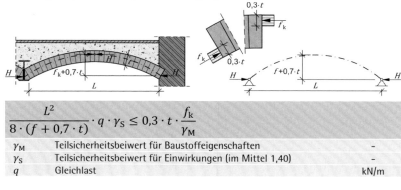

$$\frac{L^2}{8 \cdot (f + 0{,}7 \cdot t)} \cdot q \cdot \gamma_S \le 0{,}3 \cdot t \cdot \frac{f_k}{\gamma_M}$$

(050|2-03)

γ_M	Teilsicherheitsbeiwert für Baustoffeigenschaften	-
γ_S	Teilsicherheitsbeiwert für Einwirkungen (im Mittel 1,40)	-
q	Gleichlast	kN/m

Beispiel 050|2-06: maximale Nutzlast auf einem Tonnengewölbe

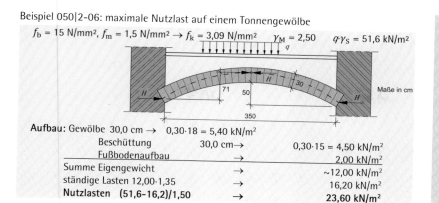

$f_b = 15$ N/mm², $f_m = 1{,}5$ N/mm² → $f_k = 3{,}09$ N/mm² $\gamma_M = 2{,}50$ $q{\cdot}\gamma_S = 51{,}6$ kN/m²

Maße in cm

Aufbau: Gewölbe 30,0 cm → 0,30·18 = 5,40 kN/m²

Beschüttung	30,0 cm→	0,30·15 = 4,50 kN/m²
Fußbodenaufbau	→	2,00 kN/m²
Summe Eigengewicht	→	~12,00 kN/m²
ständige Lasten 12,00·1,35	→	16,20 kN/m²
Nutzlasten (51,6-16,2)/1,50	→	23,60 kN/m²

Stahlbetondecken

Stahlbetondecken wirken hinsichtlich der Abtragung der vertikalen Lasten als Bauteile, die auf Biegung und Querkraft beansprucht sind, dienen aber andererseits auch zur Aussteifung der Gebäude, indem sie die horizontalen Kräfte zufolge Wind oder Erdbeben über Scheibenwirkung zu den aussteifenden Wänden ableiten. Während es im üblichen Wohnhausbau im Allgemeinen genügt, die Scheibenwirkung der Decken durch konstruktive Maßnahmen wie Anordnung von Wandrosten und Verguss von Fertigteilfugen sicherzustellen, ist die Abtragung der vertikalen Lasten rechnerisch nachzuweisen. Grundlage für diese Nachweise ist die Bestimmung der Schnittgrößen, aus denen sich dann unter Berücksichtigung der anzusetzenden Teilsicherheitsbeiwerte die Bemessungseinwirkungen (design-Wert) $M_{q,d}$ und $V_{q,d}$ errechnen (siehe Band 2: Tragwerke [3]).

Stahlbetondecken werden bei der Abtragung vertikaler Lasten auf Biegung und Querkraft beansprucht.

Balken

Durch die Belastung zufolge Biegung und Querkraft entstehen in Trägern allgemein Druck- und Zugspannungen bzw. daraus resultierende Druck- und Zugkräfte. In den Trägerstegen wirken diese Kräfte bei Beanspruchung durch Querkraft schräg zur Trägerachse. Da Beton nur eine geringe Zugfestigkeit aufweist und außerdem der Bruch des Betons zufolge Zugbeanspruchung spröd ist, das heißt ohne Vorankündigung eintritt, müssen im Stahlbetonbau die auftretenden Zugkräfte in Form einer schlaffen bzw. vorgespannten Bewehrung aufgenommen werden. Der Berechnung der Tragsicherheit ist daher bei Beanspruchung durch Biegung und Querkraft ein fachwerksartiges Tragsystem zugrunde zu legen, bei dem der Beton die Druckkräfte und die Bewehrung die Zugkräfte aufnimmt.

Die Druckglieder des fachwerksartigen Tragsystems sind die Druckzone des Trägers und schräge Betondruckstreben im Stegbereich. Die Zugglieder werden durch die unten liegende Hauptbewehrung, welche die Biegezugkraft aufnimmt, und durch die Querkraftbewehrung, die aus Bügeln besteht, gegebenenfalls ergänzt durch Schrägeinlagen, gebildet. Die Hauptbewehrung und die Querkraftbewehrung bilden gemeinsam mit der zur Beschränkung der Rissbreiten über die Steghöhe zu verlegenden horizontalen Stegbewehrung und einer zur Ergänzung des Bewehrungskorbes angeordneten Montagebewehrung die Hauptelemente der Bewehrung eines Stahlbetonträgers.

Abbildung 050|2-51: fachwerksartige Tragsysteme von Stahlbetonträgern

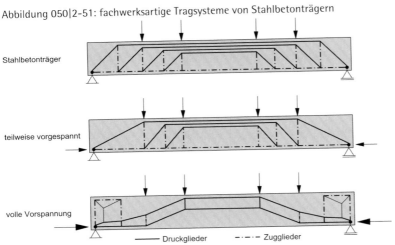

Stahlbetonträger

teilweise vorgespannt

volle Vorspannung

——— Druckglieder   —·—·— Zugglieder

Anhand von Stabwerksmodellen kann die Wirkungsweise eines reinen Stahlbetonbalkens, eines Balkens mit einer teilweisen Vorspannung und eines Balkens mit voller Vorspannung verdeutlicht werden. Man erkennt dabei, dass bereits eine teilweise (beschränkte) Vorspannung zur Rissefreiheit der momentenmäßig geringer beanspruchten Bereiche führt, während eine volle Vorspannung überhaupt die Ausbildung eines Druckbogens innerhalb des Balkens ermöglicht. Die Umlenkkräfte aus der vollen Vorspannung stehen dabei mit den (weitgehend) gleichmäßig verteilten Auflasten im Gleichgewicht, und es wird damit der rissfreie Zustand I erreicht, der aber auch besondere Vorkehrungen am Ort der Eintragung der Vorspannkräfte erfordert.

Mit Stabwerks-
modellen kann die
Wirkungsweise von
Stahlbetonbalken
verdeutlicht werden.

Abbildung 050|2-52: Hauptelemente der Bewehrung eines Stahlbetonträgers

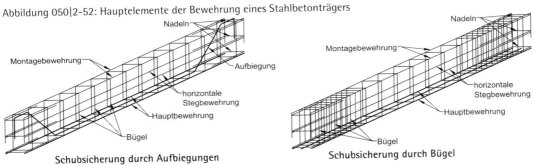

Schubsicherung durch Aufbiegungen   Schubsicherung durch Bügel

Da die Biegezugkraft entsprechend der Größe des Biegemomentes zum Auflager hin abnimmt, kann die Hauptbewehrung aus Gründen der Einsparung an Bewehrung abgestuft werden bzw. können nicht mehr benötigte Stäbe der Hauptbewehrung aufgebogen und zusätzlich zu den Bügeln zur Aufnahme der Querkraft verwendet werden. Es ist jedoch mindestens ein Drittel der maximalen Feldbewehrung bis zum Auflager zu führen und dort ausreichend zu verankern, um die Horizontalkomponente der zum Auflager führenden Betondruckstrebe aufnehmen zu können. Wenn die vorhandene Auflagertiefe zur Verankerung der Hauptbewehrung nicht ausreicht, sind horizontal verlegte, U-förmige Bewehrungsstäbe, so genannte Nadeln, anzuordnen. Ebenso sollten die horizontale Stegbewehrung und die Montagebewehrung an den Trägerenden durch Nadeln abgeschlossen werden.

Durch die Wirkung eines Biegemomentes M_{Ed} entstehen entsprechend dem Tragmodell an der Druckseite des Trägers Betondruckspannungen bzw. eine resultierende Betondruckkraft F_{cc} und an der Zugseite eine Zugkraft F_{ts} der dort eingelegten Hauptbewehrung (Biegezugbewehrung).

Abbildung 050|2-53: Beanspruchungen eines Rechteckquerschnittes zufolge Biegung

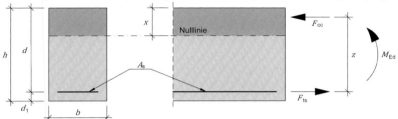

Maßgebend für die Bemessung des Querschnittes ist die Nutzhöhe d, das ist der Abstand des Schwerpunktes der Biegezugbewehrung vom Druckrand. Der Abstand d_1 ergibt sich aus der Betondeckung, dem Platzbedarf der unterhalb der Biegezugbewehrung liegenden Bügelschenkel und aus der Verteilung der Biegezugbewehrung. Im üblichen Wohnhausbau kann für die Nutzhöhe im Allgemeinen mit $0{,}9 \cdot h$ aber nicht mehr als d-5 cm gerechnet werden. Bei einem Bauteil mit konstanter Höhe kann für den inneren Hebelarm z ein Näherungswert von $0{,}9 \cdot d$ angesetzt werden.

Maßgebend für die Bemessung des Querschnittes ist die Nutzhöhe.

$$d = h - d_1 \qquad d_1 \approx 0{,}1 \cdot h \geq 5 \text{ cm} \qquad z \approx 0{,}9 \cdot d \qquad\qquad (050|2\text{-}04)$$

Die für die Aufnahme eines Biegemomentes mit dem Bemessungswert M_{Ed} mindestens erforderliche Nutzhöhe d_{erf} ergibt sich mit den Werkstoffkennwerten gemäß ÖNORM EN 1992-1-1 [65] nach den allgemeinen Regeln des Stahlbetonbaues bei voller Ausnützung der Festigkeiten des Betons und der Bewehrung aus Formel (050|2-05). Dabei ist f_{cd} der Bemessungswert der Zylinderdruckfestigkeit des Betons. Er ergibt sich mit der Teilsicherheit $\gamma_c = 1{,}50$ des Betons aus der charakteristischen Zylinderdruckfestigkeit f_{ck} zu $f_{cd} = f_{ck}/1{,}50$.

$$d_{erf} = 1{,}66 \cdot \sqrt{\frac{M_{Ed}}{b \cdot f_{cd}}} \qquad\qquad (050|2\text{-}05)$$

d_{erf}	erforderliche statische Höhe des Querschnittes	cm
b	Breite des Querschnittes	cm
f_{cd}	Bemessungswert der Betondruckfestigkeit	kN/cm²
M_{Ed}	Bemessungswert des Biegemoments	kNcm

Tabelle 050|2-11: Betonkennwerte nach ÖNORM EN 1992-1-1 [65]

Festigkeitsklasse		C 20/25	C 25/30	C 30/37	C 35/45	C 40/50	C 45/55	C 50/60
f_{ck}	[N/mm²]	20,00	25,00	30,00	35,00	40,00	45,00	50,00
f_{cd}	[N/mm²]	13,30	16,70	20,00	23,30	26,70	30,00	33,30
$\nu \cdot f_{cd}$	[N/mm²]	7,33	9,00	10,60	12,73	13,33	14,70	16,00

f_{ck} charakteristische Betondruckfestigkeit
f_{cd} Bemessungswert der Betondruckfestigkeit
ν Abminderungsbeiwert der Druckfestigkeit für gerissenen Beton siehe (050|2-07)

Aus Gründen der Beschränkung der Durchbiegung ist jedoch eine volle Ausnützung der Druckfestigkeit des Betons in vielen Fällen nicht möglich. Bei stark belasteten einfeldrigen Trägern sollte die Schlankheit L/d (Stützweite bezogen auf Nutzhöhe) den Wert $L/d = 18$ nicht überschreiten, sofern kein Nachweis der Durchbiegung erfolgt.

Die erforderliche Biegezugbewehrung A_s eines Stahlbetonbalkens ergibt sich nach Formel (050|2-06). Dabei ist f_{yd} der Bemessungswert der Streckgrenze des Bewehrungsstahls, der sich aus der charakteristischen Streckgrenze durch Division mit der Teilsicherheit der Bewehrung von $\gamma_c = 1{,}15$ ergibt. Bei voller Ausnützung des Betons und der Bewehrung ist $\zeta = 0{,}75$. Bei geringer beanspruchten Trägern kann für Zwecke der Vorbemessung im Allgemeinen $\zeta = 0{,}9$ gesetzt werden.

$$A_s = \frac{M_{Ed}}{\zeta \cdot d \cdot f_{yd}}$$

(050|2-06)

A_s	Fläche des Querschnitts der schlaffen Bewehrung in der Zugzone	cm²
ζ	0,75 bei voller Ausnutzung 0,90 für Vordimensionierung	-
f_{yd}	Bemessungswert der Streckgrenze des Bewehrungsstahls	kN/cm²
	B500: $f_{yd} = 50/1{,}15 = 43{,}5$ B550: $f_{yd} = 55/1{,}15 = 47{,}8$	

Beanspruchungen zufolge Querkraft verursachen in Trägerstegen schräg zur Trägerachse gerichtete Druckspannungen des Betons. Eine ausreichende Sicherheit gegen Versagen des Betons bei rechtwinkelig zur Trägerachse angeordneten Bügeln ist nach ÖNORM EN 1992-1-1 [65] gegeben, wenn die Bedingung nach Formel (050|2-07) eingehalten ist.

$$\frac{V_{Ed}}{b_w \cdot z} \le \nu \cdot f_{cd} \cdot \frac{\cot\theta}{1 + \cot^2\theta} \qquad \nu = 0{,}6 \cdot \left(1 - \frac{f_{ck}}{250}\right)$$

(050|2-07)

V_{Ed}	Bemessungswert der Querkraft	N
d	Nutzhöhe	mm
b_w	kleinste Querschnittsbreite zwischen Zug- und Druckgurt	mm
z	Hebelarm der inneren Kräfte = $0{,}9 \cdot d$	mm
θ	Neigungswinkel der Betondruckstreben zur Bauteilachse	°
$\nu \cdot f_{cd}$	abgeminderter Wert der Betondruckfestigkeit (Tabelle 050|2-11)	N/mm²
f_{ck}	charakteristische Betondruckfestigkeit	N/mm²

Die erforderliche Bügelbewehrung a_{sw} je Meter Trägerlänge erhält man mit:

$$a_{sw} = \frac{V_{Ed}}{\zeta \cdot d \cdot f_{yd}} \cdot \tan\theta \qquad 0{,}6 \le \tan\theta \le 1{,}0$$

(050|2-08)

Dabei ist θ die Neigung der Betondruckstreben gegen die Trägerachse, die im angegebenen Bereich in Abhängigkeit von der Beanspruchung zufolge Querkraft zu wählen ist. Bei hoher Beanspruchung ist $\tan\theta = 1{,}0$ zu wählen.

Plattenbalken

Bei der Anwendung von Stahlbetonplatten als Deckenkonstruktion bilden sie mit den unterstützenden Trägern einen so genannten Plattenbalken, bei dem nicht nur die Trägerbreite b_w, sondern auch ein Teil der Platte als Druckzone zur Verfügung steht.

Für die Bewehrung von Plattenbalken gelten dieselben Regeln wie für Balken, sofern die Nulllinie in der Platte liegt (unechter Plattenbalken). Wenn die Nulllinie im Steg zu liegen kommt, ist die Druckkraft aus Biegung anteilig auf die Platte und den Steg aufzuteilen (echter Plattenbalken). Bei der Bemessung auf Querkraft ist für b die Stegbreite b_w einzusetzen.

Wenn die Nulllinie in der Platte liegt, gelten für die Bewehrung von Plattenbalken dieselben Regeln wie für Balken.

Abbildung 050|2-54: Plattenbalkenquerschnitt

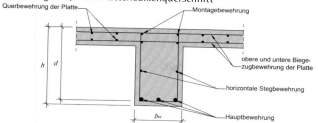

Beispiel 050|2-07: Vordimensionierung Stahlbetonbalken

Stahlbetonbalken mit Rechteckquerschnitt als Unterzug für eine Fertigteildecke

statisches System: Einfeldträger, Stützweite 6,50 m

Belastung: von Decke: ständige Lasten $g = 12,5$ kN/m
Nutzlast $p = 8,0$ kN/m

Baustoffe Beton C 25/30
Stahl B550

1. Abschätzung der Abmessungen:
$d = L/18 = 650/18 = 36$ cm
$h = d + d_1 = 36 + 5 = 41$ cm nach (050|2-04) → gewählt $h = 45$ cm
gewählte Trägerabmessungen $b/h = 30/45$ cm
Eigenlast des Trägers $g_1 = 0,30 \cdot 0,45 \cdot 25 = 3,4$ kN/m

2. Schnittkräfte:
$q_d = (12,5 + 3,4) \cdot 1,35 + 8,0 \cdot 1,5 = 33,5$ kN/m

$M_{Ed} = q_d \cdot L^2/8 = 33,5 \cdot 6,50^2/8 = 177$ kNm $= 17700$ kNcm

$V_{Ed} = q_d \cdot L/2 = 33,5 \cdot 6,50/2 = 109$ kN

3. Kontrolle der Trägerhöhe (nach Gleichung 050.2-05)
$f_{cd} = 16,7$ N/mm² $= 1,67$ kN/cm² (nach Tabelle 050|2-11)
$d_{erf} = 1,66 \cdot \sqrt{M_{Ed}/(b \cdot f_{cd})} = 1,66 \cdot \sqrt{17700/(30 \cdot 1,67)} = 31$ cm $< d_{vorh} = 45 - 5 = 40$ cm

4. Kontrolle der Querkrafttragfähigkeit bei Druckstrebenwinkel $\tan \theta = 0,6$ nach (050|2-07):
$V_{Ed}/(b \cdot z) = 109/(30 \cdot 0,9 \cdot 40) = 0,101$ kN/cm² $= 1,01$ N/mm² $< v \cdot f_{cd} \cdot \dfrac{\cot \theta}{1 + \cot^2 \theta} = 3,97$ N/mm²

5. Abschätzung der Biegezugbewehrung:
(Annahme $\zeta = 0,9$ weil d_{erf} deutlich geringer als d_{vorh})
$A_s = M_{Ed}/(\zeta \cdot d \cdot f_{yd}) = 17700/(0,9 \cdot 40 \cdot 47,8) = 10,3$ cm²
→ gewählt: 4 ⌀ 20 (12,6 cm²)

6. Querkraftbewehrung:
$a_{sw} = V_{Ed}/(\zeta \cdot d \cdot f_{yd}) \cdot \tan \theta = 109/(0,9 \cdot 0,40 \cdot 47,8) \cdot 0,6 = 3,80$ cm²/m $(\tan \theta = 0,6)$
→ gewählt: Bügel ⌀ 8/15 cm (zweischnittig) $(a_{sw,vorh} = 6,67$ cm²/m)

Abbildung 050|2-55: Momentenlinie und Hauptbewehrung eines Durchlaufbalkens

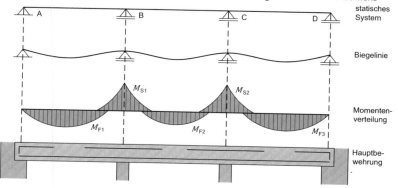

Balken oder Plattenbalken, die über mehrere Felder durchlaufen und über den Zwischenstützen biegesteif verbunden sind, werden als Durchlaufbalken bezeichnet. Zufolge der Durchlaufwirkung treten über den Zwischenstützen Biegemomente auf, die im Unterschied zu den Feldmomenten an der Oberseite des Trägers Zugkräfte hervorrufen, wie man auch aus der Biegelinie eines Durchlaufträgers erkennen kann. Bei Durchlaufträgern ist daher über den Stützen die Hauptbewehrung an der Oberseite des Trägers anzuordnen. Um unbeabsichtigte Einspannungen an den Endauflagern zu berücksichtigen, wird üblicherweise auch dort eine oben liegende Hauptbewehrung im Auflagerbereich vorgesehen.

Um Überlängen von Bewehrungsstäben zu vermeiden, wird die unten liegende Hauptbewehrung über den Zwischenstützen gestoßen. Die oben liegende Hauptbewehrung ist im Bereich der Stützmomente einzulegen. Bei sehr hohen Nutzlasten können Lastfälle auftreten, bei denen auch im Feld an der Balkenoberseite Zugkräfte auftreten. Die oben liegende Hauptbewehrung ist in diesem Fall über die gesamte Feldlänge durchzuziehen und in Feldmitte durch Übergriff zu stoßen. Da die Druckzone über den Zwischenstützen an der Balkenunterseite liegt, steht als Breite der Druckzone auch bei Plattenbalken nur die Stegbreite b_w zur Verfügung. Die erforderliche Höhe von Durchlaufbalken ist daher mit dem Absolutwert von M_Ed wie für einen Rechteckquerschnitt mit $b = b_\mathrm{w}$ zu bestimmen.

Stahlbetonplatten

Stahlbetonplatten kommen im Hochbau in vielen Formen vor. Die häufigsten Fälle sind rechteckige, an allen Rändern gestützte Platten und dreiseitig gestützte Platten, wie zum Beispiel bei Loggien oder Kragplatten unter Balkonen. Bei der Bemessung von rechteckigen, an allen vier Rändern gestützten Platten ist zu unterscheiden, ob es sich um Platten handelt, die Lasten in einer oder in mehreren Richtungen abtragen. Eine Lastabtragung in einer Richtung liegt dann vor, wenn das Verhältnis der beiden Seiten $L_\mathrm{y}/L_\mathrm{x} \geq 2$ ist. Derartige Platten wirken wie eine Schar nebeneinander liegender, gedachter Träger von der Einheitsbreite (z. B. $b = 1$ m) und tragen die Lasten über die kürzere Stützweite L_x mit dem Bemessungswert des Biegemomentes $m_\mathrm{xm,Ed}$ ab (Anmerkung: Die auf die Einheitsbreite bezogenen Biegemomente von Platten werden im Unterschied zu den Biegemomenten von Balken mit Kleinbuchstaben bezeichnet).

Die häufigsten Fälle von Stahlbetonplatten sind rechteckige, an allen Rändern gestützte Platten oder dreiseitig gestützte Platten.

Abbildung 050|2-56: Platte mit Tragwirkung in einer Richtung

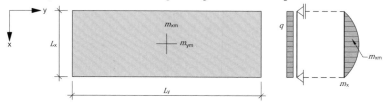

Analog zu Formel (050|2-05) erhält man dann die mindestens erforderliche Nutzhöhe $d_\mathrm{x,erf}$ der Platte zu:

$$d_\mathrm{x,erf} = 1{,}66 \cdot \sqrt{\frac{m_\mathrm{xm,Ed}}{f_\mathrm{cd}}}$$

(050|2-09)

Wegen der notwendigen Beschränkung der Durchbiegung ist jedoch im Allgemeinen eine größere Nutzhöhe erforderlich. Bei den im Wohnhausbau üblichen Bewehrungsgraden von Platten sollte die Schlankheit L_x/d_x (Stützweite/Nutzhöhe) den Wert $L_x/d_x = 25$ (genaue Regelung gemäß ÖNORM B 1992-1-1 [29]) nicht überschreiten, sofern kein Nachweis der Durchbiegung erfolgt. Die für die Aufnahme des Biegemomentes $m_{xm,Ed}$ erforderliche Bewehrung a_{sx} wird in der untersten Lage verlegt, um eine möglichst große Nutzhöhe zu erzielen. Bei einer Betondeckung von 2 cm ergibt sich die Nutzhöhe d_x bei üblichen Durchmessern der Bewehrungsstäbe zu:

$$d_x = h - 3 \text{ cm} \tag{050|2-10}$$

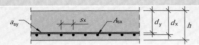

Mit Ausnahme der von den Unterstützungen der kurzen Ränder beeinflussten Randbereiche treten bei einer Belastung durch eine Gleichlast in der Längsrichtung der Platte keine Biegebeanspruchungen m_y auf. Zur Erzielung der für die Aufnahme ungleichförmiger Belastungen erforderlichen Querverteilungswirkung wird in der Richtung der längeren Seite eine Bewehrung von der Größe von $a_{sy} = 0,2 \cdot a_{sx}$ verlegt, die auch jene durch die Unterstützungen der kurzen Ränder in den Randbereichen entstehenden Biegemomente abdeckt.

Im Unterschied zu Balken kann bei Platten wegen der vorhandenen Querverteilungswirkung auf eine Querkraftbewehrung verzichtet werden, wenn der auf die Einheitsbreite bezogene Bemessungswert v_{Ed} der Querkraft den Wert $v_{Rd,c}$ nicht überschreitet. Wenn diese Forderung nicht eingehalten werden kann, ist entweder die Plattendicke zu vergrößern oder eine Querkraftbewehrung vorzusehen. Hierfür ist jedoch eine Mindestdicke der Platte von 20 cm erforderlich. Nach ÖNORM EN 1992-1-1 [65] ist $v_{Rd,c}$ in Abhängigkeit von der Festigkeitsklasse des Betons, dem Bewehrungsgrad der Biegezugbewehrung und der Plattendicke zu bestimmen, wobei $v_{Rd,c} \leq v_{min} \cdot d$ gilt. Der Wert v_{min} ist für geringe Bewehrungsgrade maßgebend und kann für Vorbemessungen auf der sicheren Seite liegend verwendet werden.

Im Unterschied zu Balken kann bei Platten unter gewissen Voraussetzungen auf eine Querkraftbewehrung verzichtet werden.

$$v_{min} = 0,035 \cdot k^{3/2} \cdot f_{ck}^{1/2} \qquad k = 1 + \sqrt{\frac{200}{d}} \leq 2,0 \tag{050|2-11}$$

d Nutzhöhe	mm

Tabelle 050|2-12: Werte v_{min}

Festigkeitsklasse	C 20/25	C 25/30	C 30/37	C 35/45	C 40/50	C 45/55	C 50/60
v_{min} ($d \leq 20$ cm) [N/mm²]	0,36	0,40	0,44	0,48	0,51	0,54	0,57
v_{min} ($d = 25$ cm) [N/mm²]	0,33	0,37	0,41	0,44	0,47	0,50	0,53

Platten mit einem Seitenverhältnis $L_y/L_x < 2$ tragen vertikale Lasten auch in Richtung der größeren Stützweite L_y ab. Die in Richtung der längeren Seite verlegte Biegezugbewehrung a_{sy} ist bei diesen Platten mit der Nutzhöhe d_y zu bemessen. Die der Bemessung zugrunde zu legenden Biegemomente m_{xm} und m_{ym} sind nach der Plattentheorie oder nach

Hilfstafeln zu ermitteln. Zu betonen ist jedoch, dass der größere Anteil der Lasten stets über die kürzere Seite abgetragen wird. Bei Endauflagern wird zur Berücksichtigung unbeabsichtigter Einspannungen in die unterstützenden Wände konstruktiv eine oben liegende Bewehrung vorgesehen.

Abbildung 050|2-57: konstruktive Bewehrung zur Berücksichtigung schwacher Endeinspannungen

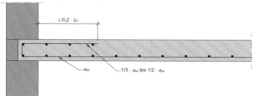

Für durchlaufende Platten mit Tragwirkung in einer Richtung gelten bezüglich der Biegemomente und der Anordnung der oben liegenden Bewehrung die gleichen Grundsätze wie für Durchlaufträger. Wegen der Größe der auftretenden Stützmomente ist die mindestens erforderliche Nutzhöhe bei Durchlaufplatten nicht wesentlich kleiner als bei Einfeldplatten. Für die Beschränkung der Durchbiegung genügt jedoch die Einhaltung einer Schlankheit $L_x/d_x = 32$ in den Endfeldern und $L_x/d_x = 35$ in den Innenfeldern, sofern kein Nachweis der Durchbiegung erfolgt (genaue Regelung gemäß ÖNORM B 1992-1-1 [29]).

Durchlaufende Platten mit Tragwirkung in einer Richtung sind bezüglich der Biegemomente und der Anordnung der oben liegenden Bewehrung vergleichbar mit Durchlaufträgern.

Beispiel 050|2-08: Vordimensionierung Stahlbetonplatte

Stahlbetonbalken mit Tragwirkung in einer Richtung
statisches System: Einfeldträger, Stützweite 4,50 m
Belastung: Fußbodenkonstruktion: ständige Lasten $g = 1,5$ kN/m
                                                   Nutzlast $p = 3,0$ kN/m
Baustoffe Beton C 25/30
           Stahl B550

1. Abschätzung der Abmessungen:
   $d_x = L_x/25 = 450/25 = 18$ cm
   $h = 18 + 3 = 21$ cm nach (050|2-10) → gewählt $h = 20$ cm
   (die geringfügige Unterschreitung ist für die Gebrauchstauglichkeit unbedenklich)
   Eigenlast der Platte $g_1 = 0,20 \cdot 25 = 5,0$ kN/m²

2. Schnittkräfte:
   $m_{xm,Ed} = \big((5,0 + 1,5) \cdot 1,35 + 3,0 \cdot 1,5\big) \cdot 4,5^2/8 = 33,6$ kNm/m
   $v_{x,Ed} = \big((5,0 + 1,5) \cdot 1,35 + 3,0 \cdot 1,5\big) \cdot 4,5/2 = 29,9$ kN/m

3. Kontrolle der Trägerhöhe nach (050|2-09)
   $f_{cd} = 16,7$ N/mm² $= 1,67$ kN/cm² (nach Tabelle 050|2-11)
   $d_{x,erf} = 1,66 \cdot \sqrt{m_{xm,Ed}/f_{cd}} = 1,66 \cdot \sqrt{33,6/1,67} = 7,5$ cm $< d_{vorh} = 20 - 3 = 17$ cm

4. Kontrolle der Querkrafttragfähigkeit nach (050|2-11)
   v_{min} ($d \leq 20$ cm) $= 0,40$ N/mm² $= 0,040$ kN/cm² (nach Tabelle 050|2-12)
   $v_{min} \cdot d = 0,040 \cdot 17 = 0,68$ kN/cm $= 68,0$ kN/m $> v_{x,Ed} = 29,9$ kN/m

5. Abschätzung der Biegezugbewehrung:
   (Annahme $\zeta = 0,90$ weil d_{erf} deutlich geringer als d_{vorh} ist)
   $a_s = m_{xm,d}/(\zeta \cdot d \cdot f_{yd}) = 33,6/(0,9 \cdot 17 \cdot 47,8) = 4,59$ cm²/m
   → gewählt: $\varnothing$ 10/16 cm ($a_{s,vorh} = 4,91$ cm²/m)

Bild 050|2-01

Bild 050|2-02

Bild 050|2-03

Tonnengewölbe aus Ziegelmauerwerk
Böhmische Kappe
Kreuzgewölbe

Bild 050|2-01
Bild 050|2-02
Bild 050|2-03

Bild 050|2-04

Bild 050|2-05

Deckenschalungen
Deckenschalungen

Bild 050|2-04
Bild 050|2-05

Bild 050|2-06

Bild 050|2-07

Deckenschalung mit Flachpilzen
Schalungstisch

Bild 050|2-06
Bild 050|2-07

Bild 050|2-08

Bild 050|2-09

Bild 050|2-10

Deckenschalung – Unterstellungen
Abbau der Deckenschalung – Unterstellungen
Deckenunterstellung nach dem Ausschalen

Bild 050|2-08
Bild 050|2-09
Bild 050|2-10

Bild 050|2-11

Bild 050|2-12

Deckenbewehrung Ortbetondecke im Bereich einer Doppelstütze
kombinierte Durchstanzsicherung mit Stahlkragen, schrägen Aufbiegungen und Dübelleisten

Bild 050|2-11
Bild 050|2-12

Bild 050|2-13

Bild 050|2-14

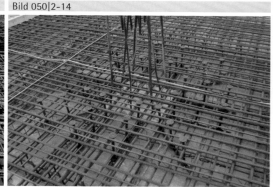

Durchstanzsicherung mit Dübelleiste bei Doppelstütze
Durchstanzsicherung mit Dübelleiste

Bild 050|2-13
Bild 050|2-14

Bild 050|2-15

Bild 050|2-16

Elementdecke
Elementdecke – Verlegung auf Unterkonstruktion (Titelbild)

Bild 050|2-15
Bild 050|2-16

Bild 050|2-17

Bild 050|2-18

Bild 050|2-19

Betonstein-Füllkörperdecke – Verlegung der Deckenträger und Einhängesteine
Ziegel-Füllkörperdecke
Detailbereich Ziegel-Füllkörperdecke

Bild 050|2-17
Bild 050|2-18
Bild 050|2-19

Bild 050|2-20

Bild 050|2-21

Betonstein-Füllkörperdecke
Betonstein-Füllkörperdecke

Bild 050|2-20
Bild 050|2-21

Bild 050|2-22

Bild 050|2-23

Hohldielendecke
Hohldielendecke – Untersicht

Bild 050|2-22
Bild 050|2-23

Bild 050|2-24

Bild 050|2-25

Porenbetondielen vor dem Fugenverguss
Porenbetondielen – Verlegung

Bild 050|2-24
Bild 050|2-25

Bild 050|2-26

Bild 050|2-27

Bild 050|2-28

Hohldielendecke – Einbau
Hohldielendecke – Einbau
Fertigteildecke aus Doppelstegträgern

Bild 050|2-26
Bild 050|2-27
Bild 050|2-28

Massive Qualität vom Keller bis zum Dach

Xella

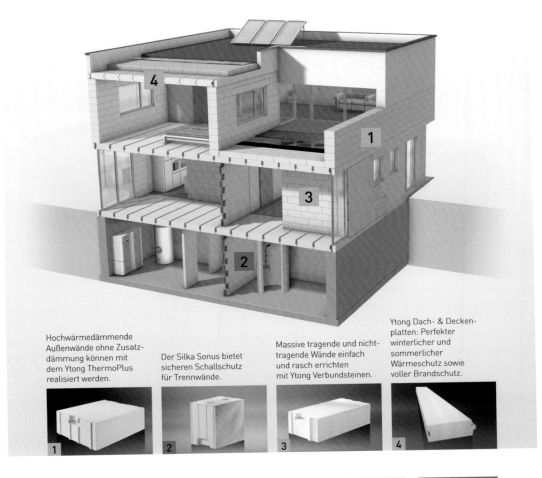

Hochwärmedämmende Außenwände ohne Zusatzdämmung können mit dem Ytong ThermoPlus realisiert werden.

Der Silka Sonus bietet sicheren Schallschutz für Trennwände.

Massive tragende und nichttragende Wände einfach und rasch errichten mit Ytong Verbundsteinen.

Ytong Dach- & Deckenplatten: Perfekter winterlicher und sommerlicher Wärmeschutz sowie voller Brandschutz.

Nutzen Sie die Vorteile unserer Baustoffe für Ein- und Mehrfamilienhäuser, Reihenhäuser und ganze Wohnanlagen.

www.ytong.at

Holzdecken

Waren Holzdecken im Einfamilienhausbau schon immer eine oft verwendete Bauform, kommen in den letzten Jahren auch im mehrgeschoßigen Wohnbau in zunehmendem Maße Geschoßdecken aus Holz zum Einsatz. Das betrifft zwar hauptsächlich konstruktive Lösungen aus dem Holz-Fertigteilbau, aber auch in Massivbauten mit Ziegel- oder Stahlbetonwänden, wo sie Stahlbeton- und Ziegelfertigteildecken Konkurrenz machen, ist dieser Trend zu beobachten. Dies ist sicherlich eine Reaktion auf die in den letzten Jahren intensiv geführten Diskussionen über Ressourcenschonung, erneuerbare Rohstoffe und biologische Bauweisen wie auch auf die Anpassung der Brandschutzvorschriften an neuere Erkenntnisse. Dennoch ist die Anwendung von Holzdecken auch heute noch nicht unbeschränkt erlaubt, so dürfen nach manchen Landesbauordnungen beispielsweise Kellerdecken nicht aus Holz hergestellt werden.

Im mehrgeschoßigen Wohnbau kommen in den letzten Jahren in zunehmendem Maße Geschoßdecken aus Holz zum Einsatz.

Vorteile
- trockener Einbau
- einfache Fügetechnik
- geringes Gewicht
- höhere Erdbebensicherheit wegen geringerer Masse
- geringer Primärenergieeinsatz
- gute Wärme- und meist gute Luftschalldämmung

Nachteile
- Schwingungsanfälligkeit
- nur bedingte aussteifende Wirkung des Baugefüges
- Problem der Querverteilung von Einzellasten
- Brandschutz
- geringe Wärmespeicherkapazität
- „hellhörig" bei Körperschall
- Empfindlichkeit bei Feuchtigkeitsbeanspruchung
- Fäulnis, Pilzbefall und Holzschädlinge

Spezielle Anforderungen

Das alltägliche Bauen war bis vor 100 Jahren ohne Verwendung von Holz nicht denkbar, somit haben besonders die Holzdecken im Wohnbau eine lange Tradition. Ihre Verbreitung in Deutschland war in den letzten Jahrzehnten stärker als in Österreich, wo aber gerade in den letzten Jahren intensive Bemühungen für eine verstärkte Marktakzeptanz unternommen wurden. Ihre Verwendung litt, wie die aller Holzkonstruktionen, viele Jahrzehnte unter den restriktiven Brandschutzvorschriften in den diversen Baugesetzen, die großen Bränden mit verheerenden Schäden – wie aus der Geschichte bekannt – vorbeugen sollten. Für eine dauerhafte und gebrauchstaugliche Verwendung sind auch noch der Holzschutz sowie die Anforderungen an den Schallschutz und das Schwingungsverhalten von Belang.

Brandschutz

Obwohl Holz brennt, können Bauteile aus Holz durch konstruktive Maßnahmen bzw. eine gewisse Überdimensionierung der Querschnitte auch die Anforderungen der heute geforderten Feuerwiderstandsklassen (siehe Band 1:

Bauphysik [2]) erfüllen. Dabei ist auf brandschutztechnisch günstige Gesamt-konzepte und konstruktive Lösungen, beispielsweise für die Anschlüsse von Decken an Wände, zu achten. Für die Ermittlung der Tragfähigkeit wird – entsprechend den Regeln der ÖNORM EN 1995-1-2 [69] – der nach dem zeitabhängigen Querschnittsverlust durch Abbrand (der äußeren, dem Feuer direkt ausgesetzten Holzteile) verbleibende ungestörte Restquerschnitt betrachtet. Für das übliche Bauholz Fichte beträgt beispielsweise die ideelle Abbrandrate β_n = 0,80 mm/min.

Für die Brandschutzbemessung mittels der – zumeist verwendeten – Methode mit reduziertem Querschnitt wird eine erhöhte Abbrandtiefe zur Berück-sichtigung der durch den Brand beeinflussten Werkstoffeigenschaften angesetzt. Dabei dürfen anstelle der bei Normaltemperatur geforderten 5 %-Fraktilwerte des Tragwiderstandes die 20 %-Fraktilwerte eingesetzt werden, wobei die Umrechnung durch den Faktor k_{fi} abhängig von Material und Art der Verbindung erfolgt. Der Modifikationsbeiwert und die Materialsicherheit werden in diesem Nachweismodell jeweils mit 1,0 angesetzt (siehe Band 7: Dachstühle [6], und Sonderband: Holz im Hochbau [10]).

Bauteile aus Holz können die Anforder-ungen der heute geforderten Feuer-widerstandsklassen erfüllen.

$$E_{d,fi} = \eta_{fi} \cdot E_d$$

(050|3-01)

E_d	Einwirkungen der ständigen oder vorübergehenden Bemessungssituation	kN/m²
$E_{d,fi}$	Einwirkungskombination im Brandfall	kN/m²
η_{fi}	Abminderungsfaktor, näherungsweise 0,60	-

Tabelle 050|3-01: Holzrahmendecken ohne weitere Nachweise – ÖNORM B 1995-1-2 [33]

Bekleidung feuerzugewandt (mm)			Bekleidung (mm) feuerabgekehrt	Balken		Feuer-widerstand	$E_{d,fi}$ [kN/m²]
1. Lage	2. Lage	3. Lage		Breite [mm]	Höhe [mm]		
GKF (12,5)	HWP (12)	-	HWP (15)	≥60	≥200	REI 30	≤2,60
GKF/GF (12,5)	-	-	HWP (19)	≥80	≥200	REI 30	≤3,70
Holzschalung N+F (19)	-	-	HWP (19)	≥80	≥200	REI 30	≤3,70
Holzwolleplatte EPV (35)	-	-	Folie	≥80	≥200	REI 30	≤3,70
GKF/GF (15)	-	-	Folie	≥80	≥220	REI 30	≤4,60
GKF (12,5)	-	-	HWP (19)	≥120	≥360	REI 30	≤19,40
GKF/GF (12,5)	GKF/GF (12,5)	-	HWP (19)	≥80	≥200	REI 60	≤3,70
GKF/GF (12,5)	GKF/GF (12,5)	-	HWP (19)	≥120	≥360	REI 60	≤19,40
GKF/GF (15)	GKF/GF (15)	GKF/GF (15)	HWP (19)	≥80	≥220	REI 90	≤3,50

Tabelle 050|3-02: Mindestdicken verleimter Holzmassivelemente für Rohdecken-konstruktionen ohne weiteren Nachweis zum Raumabschluss – ÖNORM B 1995-1-2 [33]

Bekleidung feuerzugewandt (mm)		Mindestdicke der verleimten Holzmassivelemente [mm]		Feuer-widerstand
1. Lage	2. Lage	Brettsperrholz	Brettstapel	
-	-	80	80	EI 30
		170	120	EI 60
GKF/GF (12,5)	-	60	60	EI 30
		140	110	EI 60
		220	150	EI 90
GKF/GF (15)	-	50	50	EI 30
		120	110	EI 60
		200	150	EI 90
GKF/GF (18)	-	40	40	EI 30
		110	100	EI 60
		190	140	EI 90
GKF/GF (12,5)	GKF/GF (12,5)	80	80	EI 60
		160	120	EI 90
GKF/GF (15)	GKF/GF (15)	60	60	EI 60
		140	110	EI 90

Die Beurteilung der Bekleidungen von Holzbauteilen hinsichtlich ihres Brandschutzes erfolgt mittels Klassifizierungsberichten der Bauteile entsprechend der ÖNORM EN 13501-2 [75]. Die Möglichkeit einer Übersetzung von alten Bestimmungen z. B. aus der früheren ÖNORM B 3800-4 [44] durch die Verwendung von Äquivalenztabellen (Tabelle 050|3-03) ist seit 2010 für einen Nachweis nicht mehr zulässig, liefert aber eine Orientierung zur Größenordnung der Feuerwiderstände. Für einige gängige Ausführungen sind in der ÖNORM B 1995-1-2 [33] Feuerwiderstände von Bauteilen ohne erforderliche weitere Nachweise angegeben (Tabelle 050|3-01 und Tabelle 050|3-02), wobei für die angeführten Deckenkonstruktionen Grenzen der Bemessungswerte von Flächenlasten eingehalten werden müssen.

Die Verwendung von Äquivalenztabellen ist nicht mehr zulässig, liefert aber eine Orientierung zur Größenordnung der Feuerwiderstände.

Tabelle 050|3-03: Bekleidung von Holzbauteilen zur Erhöhung der Brandwiderstandsdauer – ÖNORM B 3800-4 [44] seit 2010 zurückgezogen

Putze, Estriche und Beschüttungen	Rohdichte ρ [kg/m³]	Mindestdicke der Bekleidung zum Erreichen der nachfolgenden Brandwiderstandsklassen [cm]		
		F 30 (R 30)	F 60 (R 60)	F 90 (R 90)
Zement-Putzmörtel		2,0	4,0	6,0
Kalk-Zement-Putzmörtel		1,5	3,0	4,5
Gips-Kalk-Putz		1,5	3,0	4,5
Gipsputz		1,5	3,0	4,5
Leicht-Putzmörtel	≤1500	1,5	2,5	3,5
Gips-Leichtmörtel	≤1500	1,5	2,5	3,5
Gips-Fertig-Putzmörtel	≤1500	1,5	2,5	3,5
Mineralfaser-Spritzputz	≤1500	1,5	1,5/2,5	2,5/3,5
Blähsilikat-Spritzschutz	≤1500	2,0	2,0/3,0	3,0/4,0
Estrich		3,0	5,0	7,0
nichtbrennbare Auffüllungen		5,0	7,0	9,0
Platten und Tafeln				
mineralisch gebundene Holzwolle-Dämmplatten, einseitig mit Gips-Kalkputz, ≥10 mm dick	≥350	2,5	5,0	
mineralisch gebundene Holzwolle-Dämmplatten, mit raumseitigem Porenverschluss mit mineral. Bindemitteln	≥500	3,5	5,0	10,0
mineralisch gebundene Holzwolle-Dämmplatten, einseitig mit Gips-Kalkputz, ≥10 mm dick	≥400	2,5	5,0	
GKB, GKBI (Gipskartonbauplatten)		1,8		
GKF, GKFI (Gipskarton-Feuerschutzplatten)		1,25	2×1,25	3×1,5
Betonplatten mit leichten anorganischen Zuschlägen	≤1300	3,0	3,5	4,0
Leicht- u. Porenbetonplatten	≤1300	4,0	4,5	5,0
Mineralwolleplatten	≥140	4,0	6,0	8,0
Mineralwolleplatten	≥120	6,0	8,0	10,0

Holzschutz

050|3|1|2

In der Normenserie der ÖNORM B 3802-x wird der Holzschutz im Hochbau geregelt, wobei sich die Teile 1 bis 3 [46][47][48] auf die tragenden bzw. aussteifenden Bauteile beziehen. Der ältere Begriff der „Holzgefährdungsklassen" wurde durch „Gebrauchsklassen" ersetzt, die jeweils dafür erforderlichen Schutzmaßnahmen jedoch nicht wesentlich verändert. Die Definitionen sind nunmehr mit den Bestimmungen der ÖNORM EN 1995-1-1 [70] abgestimmt.

Dennoch wurde eine grundlegende Änderung in der Ansicht zum Holzschutz in die Normen eingeführt, die sich auf Erfahrungen aus der Praxis, z. B. aus dem Fertighausbau, stützt, sie zeigt, dass Holzkonstruktionen oftmals auch - entgegen vormaliger Normbestimmungen - ohne chemische Maßnahmen auskommen, sofern die konstruktiven Randbedingungen erfüllt sind. Diese konstruktiven Maßnahmen werden in der ÖNORM B 3802-2 [47] konkretisiert, wobei zwischen generellen baulichen Maßnahmen, die immer zu berücksichtigen sind, und besonderen baulichen Maßnahmen, die eine Einstufung des Bauteils in eine niedrigere Gebrauchsklasse bis hin zur GK 0 ermöglichen, unterschieden wird. Als Leitmotiv gilt nunmehr, dass bauliche Maßnahmen vorrangig zu berücksichtigen und chemische Holzschutzmaßnahmen auf das erforderliche Maß zu reduzieren sind, soweit dies technisch möglich und wirtschaftlich sinnvoll ist. Chemischer Holzschutz soll also nur mehr in begründeten Ausnahmen umgesetzt werden. Hier ist eine Diskrepanz zur ÖNORM EN 1995-1-1 [70] gegeben, die aus Sicherheitsgründen bei konstruktiver Beanspruchung generell zumindest Nutzungsklasse 1 (entspricht praktisch Gebrauchsklasse 1) verlangt (siehe Sonderband: Holz im Hochbau [10]).

Die Praxis zeigt, dass Holzkonstruktionen oftmals auch ohne chemischen Holzschutz auskommen.

Tabelle 050|3-04: Gebrauchsklassen (GK) für verbautes Holz – ÖNORM B 3802-2 [47]

GK	Beanspruchung des Holzes	Gefährdung durch	Einbausituation
0	Holzfeuchtigkeit ständig maximal 20 %; mittlere relative Luftfeuchtigkeit maximal 85 %; relative Luftfeuchtigkeit nur kurzfristig über 85 %	–	Holz in Räumen mit üblichem Wohnklima oder vergleichbaren Räumen verbaut
1	Holzfeuchtigkeit ständig maximal 20 %; mittlere relative Luftfeuchtigkeit maximal 85 %; relative Luftfeuchtigkeit nur kurzfristig über 85 %	Insekten	Holz unter Dach, nicht der Bewitterung und keiner Befeuchtung ausgesetzt
2	Holzfeuchtigkeit gelegentlich kurzfristig über 20 %; mittlere relative Luftfeuchtigkeit über 85 %	Insekten und Pilze	Holz unter Dach, nicht der Bewitterung ausgesetzt; eine hohe Umgebungsfeuchtigkeit oder Feuchteeintrag, z. B. aus Kondensation, kann zu gelegentlicher Befeuchtung führen
3.1	Holzfeuchtigkeit gelegentlich über 20 %	Insekten und Pilze	Holz nicht unter Dach, der Bewitterung ausgesetzt, ohne ständigen Erd- und/oder Wasserkontakt; rasche Wasserableitung sowie eine gute Belüftung und somit eine rasche Rücktrocknung sichergestellt
3.2	Holzfeuchtigkeit häufig über 20 %; keine langfristige/ständige Durchfeuchtung	Insekten und Pilze	Holz nicht unter Dach, der Bewitterung ausgesetzt, ohne ständigen Erd- und/oder Wasserkontakt; rasche Wasserableitung bzw. eine rasche Rücktrocknung, z. B. konstruktionsbedingt, nicht sichergestellt
4	Holzfeuchtigkeit vorwiegend bis ständig über 20 %	Insekten, Pilze, Moderfäule	Holz im Freien ohne Wetterschutz – Balkone, Fassaden, Zaunlatten

Bei Einhaltung besonderer baulicher Maßnahmen gemäß ÖNORM B 3802-2 dürfen Holzbauteile, die einer höheren Gebrauchsklasse zuzuordnen wären, in eine niedrigere Gebrauchsklasse eingestuft werden.

Grundsätzlich sind vorbeugender und bekämpfender Holzschutz zu unterscheiden. Holz wird vor allem durch Holzschädlinge, aber auch durch andauernde Feuchtigkeit, Hitze und Witterung sowie chemische Einflüsse gefährdet.

- Fäulnispilze (z. B. Porenschwamm oder Hausschwamm), die Holz zerstören
- Bläuepilze, die Holz bleibend verfärben
- Insekten (z. B. Hausbock oder Nagekäfer), deren Larven („Holzwurm") das Holz als Nahrung verwerten und damit zerstören

Vorbeugende Holzschutzmaßnahmen bei Gestaltung und Konstruktion reduzieren die Risiken.

Vorbeugende Holzschutzmaßnahmen bei Gestaltung und Konstruktion reduzieren die Risiken. Decken im Innenbereich sind in der Regel keine gefährdeten Elemente, dennoch werden nach ÖNORM statisch wirkende Holzbauteile in die Gebrauchsklasse GK 1 eingestuft, wo nicht kontrollierbare Elemente mit vorbeugendem Insektenschutz auszuführen sind.

Tabelle 050|3-05: Kurzzeichen der Holzschutzmittel – ÖNORM B 3802-2 [47]

Kurzzeichen	Wirksamkeit
B	vorbeugend wirksam gegen Bläue
BS	vorbeugend wirksam gegen Schnittholzbläue
P	vorbeugend wirksam gegen Pilze (Fäulnisschutz)
Iv	vorbeugend wirksam gegen Insekten
Ib	wirksam zur Insektenbekämpfung
W	beständig gegen Witterungseinflüsse und Feuchtigkeit; erforderlich für Holz im Freien, jedoch nicht für Holz mit dauerndem Erd- und Wasserkontakt
E	für Holz in dauerndem Erdkontakt und Wasserkontakt
MS	zur Schwammbekämpfung im Mauerwerk

Es können grundsätzlich drei Arten des Holzschutzes unterschieden werden:

- Baulicher Holzschutz – verhindert, dass Holz z. B. durchfeuchtet und damit anfällig für Holzschädlinge wird und/oder die Wahl von geeigneten Holzarten (z. B. Kernholz der Eiche)
- Einsatz natürlicher Holzschutzmittel – wie Wachs und Leinöl
- Einsatz chemischer Holzschutzmittel

Alle chemischen Holzschutzmittel enthalten biozide Wirkstoffe zum Schutz gegen Pilz- und/oder Insektenbefall. Sie sind daher nur dann anzuwenden, wenn ein Schutz des Holzes vorgeschrieben oder im Einzelfall auch erforderlich ist. Holzschutzmittel sind von unabhängigen und akkreditierten Forschungseinrichtungen wissenschaftlich geprüft. Die österreichische ARGE-Holzschutzmittel listet im „Österreichischen Holzschutzmittelverzeichnis" Produkte auf, welche die folgenden Kriterien erfüllen:

- nachgewiesene Wirksamkeit gegen Holzschädlinge
- bestandene Sicherheitsbewertung
- gesicherte, gleichbleibende Qualität
- überprüfte Etikettentexte und technische Merkblätter

konstruktiver Holzschutz

Heute geht man davon aus, dass vor Insektenzutritt und Feuchtigkeitsbeanspruchung geschützte Hölzer allein durch konstruktive Maßnahmen langfristig und ausreichend geschützt sind. Die bauliche Ausführung muss eine Erhöhung des Feuchtigkeitsgehalts von Holz und Holzwerkstoffen zuverlässig verhindern, was die Voraussetzung für holzzerstörenden Pilzbefall oder übermäßige Verformungen (Schwinden oder Quellen) bilden würde. Deshalb sind in Bereichen mit starker direkter Feuchtigkeitsbeanspruchung der Oberfläche (z. B. Spritzwasser in Duschen) entsprechende Abdichtungsmaßnahmen zu setzen. Eine Gefahr der Bildung holzzerstörender Pilze liegt vor, wenn die Holzfeuchtigkeit einen Wert von 20 Masse-% langfristig übersteigt. In diesem Fall wären vorbeugende chemische Maßnahmen (wirksam gegen Pilze) erforderlich. Nassbereiche in Wohn- und Geschäftsgebäuden gehören generell – und in besonderem Maße bei Holzdecken unter Verwendung von feuchtempfindlichen plattenförmigen Holzwerkstoffbauteilen (Quellen, erhöhte Anfälligkeit von Schädlingsbefall etc.) – zu den schadensträchtigsten Bereichen im Hochbau. Bei der Frage nach dem Einsatz chemischer Holzschutzmittel ist es erforderlich, den Auftraggeber nach umfassender Information in die Entscheidung mit einzubinden, da praktisch alle Holzschutzmittel Anwendungsbeschränkungen unterliegen. Der Weg, nur mehr Hölzer mit einem Feuchtigkeitsgehalt nach „technischer Trocknung" von ca. 12 M-% zum Einbau zu verwenden, saubere konstruktive Lösungen und winddichte Sperrschichten auszuführen, um auch den Insektenzutritt zu verhindern

Die bauliche Ausführung muss eine Erhöhung des Feuchtigkeitsgehalts von Holz und Holzwerkstoffen zuverlässig verhindern.

und dafür die Holzelemente nicht zu imprägnieren, ist nun mehr auch durch die Normgebung abgesichert und mit Sicherheit zukunftsorientiert.

Tabelle 050|3-06: Holzdeckenaufbauten bei Feuchträumen

Holzbalkendecke mit Fußbodenaufbau – Feuchtraum

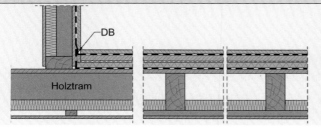

Belag
Abdichtung
Estrich
Trennlage
Trittschalldämmung
Sicherheitsabdichtung auf Rohdecke
Spanplatte
Holzbalken, dazwischen Mineralfaserplatten
Deckenuntersicht

DB = Dichtband im Eckbereich

Feuchtigkeitsabdichtungen an Holzdecken müssen immer an der Rohfußbodenoberfläche angebracht sein. Gemäß ÖNORM B 3692 [43] muss jedoch bei Beanspruchungsklasse W3 (mäßige Wasserbelastung - Flächen mit häufigem, kurzzeitigem Einwirken durch Wisch-, Spritz und Brauchwasser) oder höher eine Abdichtung auf Rohbauebene zusätzlich zur Verbundabdichtung bei Fliesen- oder keramischen Belägen gemäß ÖNORM B 3407 [39] ausgeführt werden. Speziell im Bereich von seitlichen Anschlüssen sind unterschiedliche Bewegungen von Wand und Decke durch beispielsweise die schlaufenförmige Ausführung eines Dichtbandes zu berücksichtigen. Bei Holzdecken über Feuchträumen kann auch die Anordnung einer Dampfbremse an der Deckenunterseite erforderlich werden, wenn eine diffusionssperrende Schicht (beispielsweise eine Folie unter der Rieselfüllung und/oder eine Trennlage aus PE-Folie) im darüber liegenden Fußbodenaufbau eingebaut ist. In diesem Fall könnte Kondensat die Hohlraumbedämpfung durchfeuchten und die anliegenden Holzbalken schädigen.

bekämpfender Holzschutz

Wenn tragende oder aussteifende Bauteile durch Pilzbefall oder Lebend-befall durch holzzerstörende Insekten betroffen sind, ist eine Bekämpfung der Holzschädlinge, geregelt in der ÖNORM B 3802-4 [49], unumgänglich. Dies betrifft in der Regel jedoch nur alte Deckenkonstruktionen im Bestand. Voraussetzung für Bekämpfungsmaßnahmen (chemisch oder auch alternativ, z. B. durch Heißluft) ist eine genaue Untersuchung und die eindeutige Feststellung der Art der Schadorganismen und des Befallsumfanges durch dafür qualifizierte Fachleute oder Sachverständige. Unter Umständen handelt es sich – besonders bei Holz, das älter als 60 Jahre ist – nur um einen bereits inaktiven Altschaden. Bei allen Schäden an tragenden und aussteifenden Holzbauteilen ist auch ein Tragwerksplaner zur Beurteilung der Tragfähigkeit zu konsultieren. Vor der Bekämpfung ist genau abzuwägen, welche Maßnahmen dem Bauherrn unter Berücksichtigung aller gegebenen Anwendungseinschränkungen empfohlen werden können. Es sind außer einem lokalen Abtrag oder dem gesamten Austausch der befallenen Holzbauteile auch die chemische Bekämpfung, z. B. mittels Bohrlocktränkverfahren, sowie das Heißluftverfahren oder auch mehrere Verfahren nebeneinander möglich. Weiterhin sind Begasungen, jedoch nur sehr eingeschränkt, möglich.

Voraussetzung für Bekämpfungsmaß-nahmen ist eine genaue Untersuchung durch dafür qualifizierte Fachleute oder Sachverständige.

Schallschutz

Deckenkonstruktionen müssen sowohl die Anforderungen aus Luftschall- wie auch aus Trittschallschutz erfüllen. Hier ist ein grundsätzliches Problem bei leichten Deckenkonstruktionen zu finden.

Decken aus Tragbalken

Die geforderten Werte sind nur mit höherem Konstruktionsaufwand und zusätzlichen Schichten zu erreichen. Wird der erforderliche Trittschallschutz realisiert, ist der notwendige Luftschallschutz in der Regel auch gegeben, sofern die Ausbildung der Fugen sauber erfolgt und so Schallbrücken vermieden wurden. Dabei ist aber zu beachten, dass die Fugenfüllstoffe unterschiedliche Schalldämmwerte aufweisen und abhängig von Fugenbreite, Füllmaterial und Kompression sind. Besonderes Augenmerk ist den vorhandenen Trittschallübertragungswegen, d. h. der Schalllängsleitung zu widmen, wo wegen der mangelnden Stoßstellendämmung höhere flächenbezogene Massen erforderlich werden, um den gleichen Effekt wie bei der Koppelung massiver Bauteile üblich zu erzielen.

Abbildung 050|3-01: Trittschallübertragungswege bei Rohdecke [92]

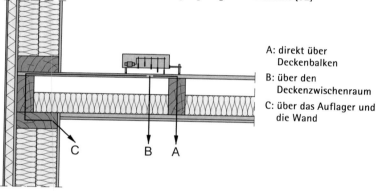

A: direkt über Deckenbalken

B: über den Deckenzwischenraum

C: über das Auflager und die Wand

Abbildung 050|3-02: Anschluss Decke-Wand bei Holzverbundkonstruktionen [92]

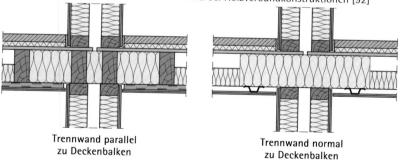

Trennwand parallel zu Deckenbalken

Trennwand normal zu Deckenbalken

Speziell beim Anschluss von Holzdecken an z. B. Holzfertigwände ist die konstruktive Lösung von wesentlicher Bedeutung. Nachfolgende Maßnahmen in sinnvollen Kombinationen ermöglichen die Erfüllung der Trittschallschutzanforderungen:

Deckenkonstruktionen müssen sowohl die Anforderungen aus dem Luftschallschutz wie auch aus dem Trittschallschutz erfüllen.

- schwimmender Estrich mit möglichst hoher flächenbezogener Masse
- Beschwerung der Grundkonstruktion durch Schüttung oder Aufbringung von Betonplatten
- Entkoppelung der Untersicht durch Befestigung der Beplankung mittels Federschienen
- Erhöhung der flächenbezogenen Masse der Beplankung (mehrlagige Beplankung)
- Dichtheit der Stoß- und Anschlussfugen
- Verfüllung der Hohlräume mit geeignetem Dämmstoff (Faserdämmstoffe)
- Unterbrechung der Beplankungen bei schalltechnischer Trennung

Vollholzdecken

Damit eine Vollholzdecke den Anforderungen der Normen an eine Wohnungstrenndecke genügt, reicht es oftmals nicht aus, nur einen schwimmenden Estrich aufzubringen. Die Deckenmasse ist besonders im tieffrequenten Bereich zu gering. Eine Unterdecke aus GK-Platten mit Hohlraumbedämpfung über Federschienen abzuhängen erhöht zwar die schalltechnischen Eigenschaften, reduziert aber die meist geringe Speichermasse der Bauteile, ist kostenaufwändig und verbirgt die oft attraktive Deckenuntersicht. Eine Möglichkeit, einen ausreichenden Schallschutz mit einer sichtbar belassenen Vollholzdecke zu erreichen, ist die Beschwerung der Rohdecke. Mögliche Beschwerungsarten sind Schüttungen, klein- und großformatige Platten, wobei kleinformatige Platten schalltechnisch günstiger sind. Die Beschwerung erfordert jedoch stärkere Deckenelemente, was gemeinsam mit den Kosten für die Einbringung der Beschwerungsmaßnahmen eine nicht unmaßgebliche Verteuerung mit sich bringt.

Eine Möglichkeit, einen ausreichenden Schallschutz mit einer sichtbar belassenen Vollholzdecke zu erreichen, ist die Beschwerung der Rohdecke.

Bauarten

050|3|2

Traditionelle Deckenformen nutzen Vollholzquerschnitte, doch werden diese in zunehmendem Maße durch spezialisierte Produkte ergänzt oder manchmal sogar verdrängt. Diese werden direkt oder zu Verbundquerschnitten zusammengesetzt verwendet.

Vollholzquerschnitte werden in zunehmendem Maße durch spezialisierte Produkte ergänzt oder manchmal sogar verdrängt.

- Brettschichtholz BSH (Leimholz)
- Brettsperrholz BSP – kreuzweise in Schichten verleimte Bretterlagen
- Spanplatten – aus Holzteilchen/Spänen oder anderen lignozellulosehaltigen Teilchen durch heißes Verpressen mit einem polymeren Klebstoff
- Furnierschichtholz – aus Schälfurnieren aus Nadelholz mit Phenolharz verleimt, Typ S längsorientiert für stabförmige Bauteile, Typ Q längs und querorientiert für Platten
- Furnierstreifenholz (Parallam PSL – Parallel Strand Lumber) – ähnlich Furnierschichtholz, aber aus Douglas Fir oder Southern Yellow Pine, besonders für stabförmige Bauteile mit Standardquerschnitt 483 x 280 mm
- Spanstreifenholz (Intrallam LSL – Laminated Strand Lumber) – ähnlich Furnierschichtholz, aber aus Pappel mit PU-Klebstoff verleimt, sowohl für stabförmige als auch plattenförmige Bauteile
- OSB-Flachpressplatten (Oriented Strand Boards) – aus dünnen, parallel zur Oberfläche liegenden Längsspänen mit Phenolharz verleimt; unterschiedliche Biegeeigenschaften in Längs- und Querrichtung

Konstruktionsvollholz KVH ist ein qualitativ gesichertes Vollholz, bezüglich Feuchtigkeitsgehalt, Maßhaltigkeit und optischer Qualität genau beschrieben und einer Fremdüberwachung unterliegend. Die Produkte werden im Allgemeinen in den Längen vorkonfektioniert vom Hersteller bezogen. Aus dieser Vielfalt an Materialien lassen sich unterschiedliche Deckensysteme schaffen. Dennoch orientieren sich die gebräuchlichsten Systeme an den historischen Vorbildern und weisen die Tragfunktion einzelnen Tragbalken in definierten Rasterabständen verlegt zu. Die verbleibenden Zwischenräume werden durch diverse Holzwerkstoffe überbrückt. Im alten Baubestand findet man noch Sondersysteme für größere Stützweiten oder höhere Nutzlasten (Tramtraversendecke), welche sich heute durch Verbundträger überbrücken lassen. Diese geleimten oder genagelten, zusammengesetzten Querschnitte erreichen eine Materialersparnis von 30 % bis 60 %, demgegenüber steht der erhöhte Fertigungsaufwand.

Jeder Versuch einer Gliederung von Holzdeckensystemen weist Schwächen auf, da eng liegende Balkensysteme in Vollholzquerschnitte überleiten und Balken mit eingeschlossenen Hohlräumen zurück zu aufgelösten Deckentragsystemen führen. Eine Möglichkeit besteht in der Unterscheidung von Decken aus Tragbalken, Decken in Massivbauweise oder Decken in Tafelbauweise. Eine andere Gliederungsmöglichkeit wäre:

Holzdeckensysteme werden gegliedert in Decken aus Tragbalken, in Massivbauweise und in Tafelbauweise oder auch in Decken mit aufgelösten Tragsystemen und mit massivem Querschnitt.

- Decken mit aufgelösten Tragsystemen
  - Decken aus Tragbalken (Holzbalkendecken, Tramdecken, Fehltramdecken, Tramtraversendecken)
  - Decken in Tafelbauweise
- Decken mit massivem Querschnitt
  - mit Quertragwirkung (Brettsperrholzplattendecke, Brettstapeldecke)
  - mit geringer Quertragwirkung (Blockbaudecke, Dippelbaumdecke, Hohlkastenträgerdecke)

Decken aus Tragbalken

050|3|2|1

Holzbalkendecken sind neben den Gewölben die ältesten Deckenkonstruktionen. Die modernen Formen dieser Gruppe von Deckenkonstruktionen werden als Holzbalkendecken bezeichnet. Sie bestehen aus den gleichen Funktionselementen wie historische Balkendecken, beispielsweise wie Tramdecken:

Neben Gewölben sind Holzbalkendecken die ältesten Deckenkonstruktionen.

- der Balkenlage samt eventueller Schalung als Tragkonstruktion
- einem begehbaren Bodenbelag mit Maßnahmen zum Brand- und Trittschallschutz
- und einer – optionalen – Deckenverkleidung.

Werden die Tragbalken direkt nebeneinandergelegt und diese Balken miteinander durch Dübel verbunden, erhält man die so genannte Dippelbaumdecke, die ursprünglich aus der Blockbohlenbauweise entstand und hauptsächlich im süddeutschen, böhmisch-österreichischen Raum zu finden ist.

Abbildung 050|3-03: ein- und mehrschalige Holzbalkendecken

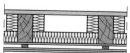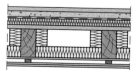

Decken in Tafelbauweise

Im Zuge der sich immer weiter verbreitenden Fertigbauweisen werden Wände und Decken zunehmend als in Werken vorgefertigte Tafelelemente hergestellt und montiert. In der Betrachtung der konstruktiven Zusammenhänge ist die Tafelbauweise der Bauform aus Tragbalken mit nachträglicher Beplankung sehr ähnlich. Bedeutende Fortschritte gibt es dagegen in der Montage, diese ist so rationalisiert, dass nur wenige Tage für die Aufstellung eines ganzen Hauses erforderlich sind. Holztafeln im Sinne von ÖNORM B 2320 [48] sind Verbundkonstruktionen unter Verwendung von Rippen aus Holz oder anderen geeigneten Plattenwerkstoffen, die ein- oder beidseitig angeordnet sind. Diese Balkenbeplankungen können je nach gewähltem Material entweder als mittragend – die Tragbalken werden dann gegenüber Balkendeckensystemen feingliedriger – oder nur aussteifend gerechnet werden. Eine allfällig notwendige Dämmung wird in der Regel im Hohlraum zwischen den Rippen untergebracht und zu einer besseren Schalldämmung noch an den Balken hochgeführt.

050|3|2|2

Die Tafelbauweise ist der Bauform aus Tragbalken mit nachträglicher Beplankung sehr ähnlich.

Decken in Holzmassivbauweise

Decken aus nebeneinander liegenden Blockbohlen haben im modernen Holzbau keine Bedeutung, historisch kommen sie als Dippelbaumdecke in Österreich und im süddeutschen Raum noch des Öfteren vor. Die heute verwendeten Massivholzdecken sind wirtschaftlich und festigkeitstechnisch optimierte Systeme und gewinnen vor allem im Wohnbau zunehmend an Bedeutung. Vorteile dieser flächigen, massiven Deckenplatten liegen im besseren Tragverhalten bei Einzellasten, der größeren Elementsteifigkeit (geringere Schwingungsanfälligkeit), einer aussteifenden Scheibenwirkung und im Vorhandensein höherer speicherwirksamer Massen. Sie dürfen für Deckenbauteile in Gebäuden mit vorwiegend ruhenden Verkehrslasten verwendet werden. Der Vorteil der Fertigelemente mit rascherer Montage verbindet sich mit dem der qualitätsgesicherten Elementgüten. Zu unterscheiden sind:

050|3|2|3

Heute verwendete Massivholzdecken sind wirtschaftlich und festigkeitstechnisch optimierte Systeme.

- Decken aus Vollholz
  - Blockbausysteme
  - Brettstapelsysteme
  - Decken aus Brettsperrholz
- Sondersysteme – Decken aus Hohlkastenträgern (z. B. „Lignatur")

Holzbalkendecken – Tramdecken

Holzbalken sind in der Regel aus Vollholz, werden in seltenen Fällen aber auch aus Brettschichtträgern oder Vollwandträgern ausgeführt, wobei größere Balkenabstände sinnvoll sind, was wiederum zu aufwändigeren Sekundärkonstruktionen führt. Die Hohlräume zwischen den Balken sowie der oberen Schalung (Sturzschalung) und der Untersicht reduzieren die flächenbezogene Masse und machen die Einhaltung der vorgeschriebenen Werte des Trittschallschutzes wie auch des Luftschallschutzes schwierig. Zur Hohlraumbedämpfung, aber auch zur Erhöhung des Wärmeschutzes wird dieser mit Faserdämmstoffen (Mineral- oder Steinwolle) ausgelegt.

050|3|3

Hohlräume werden zur Erhöhung des Trittschallschutzes, des Luftschallschutzes und des Wärmeschutzes mit Faserdämmstoffen ausgelegt.

Auflager und Schließen

In historischen Bauten waren die Träme entweder auf Mauervorsprüngen aufgelagert oder übermauert. Wesentlich war jedoch, dass die Balkenenden – die Tramköpfe – gut von Luft umströmt werden konnten, um einem „Faulen" vorzukehren. Auch das direkte Auflagern der Träme auf Mauerwerk oder in einem Mörtelbett war nicht zulässig. Zumeist legte man die Balken auf Rastbretter aus harzreichem Holz (teilweise noch zusätzlich imprägniert) wie z. B. Lärche auf, idealerweise waren sie von einem „Tramkastel" gegen die feuchten Mauern geschützt.

Um eine Schädigung durch Pilzbefall zu verhindern, wurden die Träme in historischen Bauten aufwändig gegen Feuchtigkeit geschützt.

Abbildung 050|3-04: Auflager und Verschließung bei Tramdecken

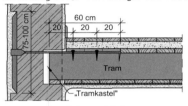 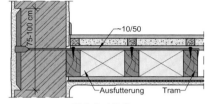

Schlagschließe	Giebelschließe

Werden im modernen Deckenbau Holzdecken in Holzskelettbauten verlegt, ist die Lagerung Holz auf Holz problemlos. Hier ist ein Zusammenschluss des Gebäudes mittels Ringankern (diese können auch durch entsprechend verbundene Holzbalken hergestellt sein) die Regel. Sollen Tramlagen jedoch in Mauerwerksbauten eingesetzt werden, ist nach ÖNORM B 1996-3 [36] auf die Ausbildung eines entsprechenden Ringbalkens aus Beton unter dem eigentlichen Deckenauflager zu achten. Darauf können die Balken mit Zwischenlagen aus Falzpappe oder anderer diffusionsoffener Dachpappe eingepackt gelegt werden. Die Auflagertiefe sollte mindestens 15 cm betragen. Die thermischen Schwachstellen der Balkenauflager sind durch Einlegen einer entsprechenden Wärmedämmplatte zu kompensieren. Die einzelnen Balkenlagen müssen an die Wände mit den dort eingebauten Verschließungen so angeschlossen werden, dass alle auftretenden Zug-, Druck- und Schubkräfte übertragen werden können. Hierzu wurden und werden in der Regel Schließen aus Stahl mit ca. 60 cm langen Quersplinten in den Wänden verankert oder mittels Schraubbolzen und Ankerplatten im Stahlbetonringbalken eingebunden. Zu beachten ist jedoch, dass die Horizontalkräfte auch vom Ringbalken in die Wände weitergeleitet bzw. aus den Wänden übernommen werden können. Hierzu werden in der Regel Schließen aus Stahl mit ca. 80 cm langen Quersplinten in den Wänden verankert. Gestoßene Träme sind ebenfalls miteinander zu koppeln.

Einzelne Balkenlagen müssen an die Wände so angeschlossen werden, dass alle auftretenden Zug-, Druck- und Schubkräfte übertragen werden können.

Abbildung 050|3-05: Auflager und Verschließung bei Holzbalkendecken

Balkenauflager	Querwandanbindung

Abbildung 050|3-06: Tramdecke – Wechselbalken, Kaminwechsel

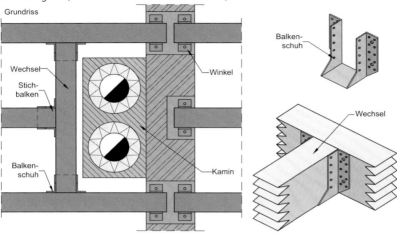

Deckenöffnungen erfordern zumeist eine Unterbrechung der Deckenbalken – durch Auswechslungen. An den querlaufenden Wechselbalken kann der Anschluss des unterbrochenen Balkens (Stichbalken) durch eine Holzverbindung mit Loch und Zapfen (Brustzapfen), gesichert mit einer Spitzklammer, erfolgen. Diese Ausführung schwächt den Wechselbalkenquerschnitt so, dass heute mit aufgenagelten Stahlschuhen oder eingeschlitzten Z-Blechen angeschlossen wird.

Fehltramdecken

050|3|3|3

Die Fehltramdecke ist eine Sonderform der Tramdecke, die eine Entkoppelung der, die Nutzlasten aufnehmenden Tragkonstruktion von der eine stabile und starre Untersicht ermöglichenden Sekundärkonstruktion zulässt. Diese Funktionstrennung ermöglichte die Herstellung von risssensiblen Stuckdecken auch unter weitgespannten Holzdecken, da Durchbiegungen oder Schwingungen der Decke keine negativen Einflüsse auf die Untersicht ausüben können.

Die Fehltramdecke ermöglicht eine Entkoppelung der Tragkonstruktion von der Sekundärkonstruktion.

Tabelle 050|3-10: Aufbauten von Fehltramdecken

Fehltramdecke mit Holzfußboden	
	Bretterboden
	Blindboden
	Polsterholz
	Beschüttung
	Sturzschalung
	Tram und Fehltram
	Stuckaturschalung
	Putzträger (Schilfrohr)
	Putz

Tramtraversendecken

050|3|3|4

Für weiter gespannte Decken in Repräsentationsbauten oder bei größeren Nutzlasten in Schulen oder Verwaltungsbauten werden die erforderlichen Tramabmessungen unwirtschaftlich. Geht man heute dazu über, aufgelöste Holzquerschnitte zur Erzielung eines effizienteren Tragvermögens einzusetzen, setzte man vor hundert Jahren auf die höhere Materialfestigkeit von Stahlträgern und nutzte die Trambalken als Füllelemente quer zur Hauptspannrichtung. Die Traversen bestanden zumeist aus flusseisernen Walzträgern mit damals zulässigen Spannungen von 10 N/mm² (1000 kg/cm²) und einer Streckgrenze von rund 22 N/mm². Als Profile wurden I-Träger für Regelausführung in Höhen von I 20 bis I 36 eingesetzt, womit sich auch bei größeren Lasten Spannweiten von 7 m überbrücken lassen. Entlang der oftmals durchgemauerten Wände oder entlang tragender Außenmauern wählte man C-Profile. Der Abstand der Stahlprofile war grundrissabhängig, bewegt sich aber zwischen 2,5 und 3,5 m, wodurch eine wirtschaftlich sinnvolle Dimensionierung der querlaufenden Holzträme möglich wurde.

Tramtraversendecken wurden bei größeren Spannweiten und höheren Lasten eingesetzt.

Die Holzträme selbst weisen wieder einen Tramabstand von 70 bis 90 cm auf und lagern zumeist direkt auf den Unterflanschen der Profile und sind mit Klammern oder Hängeeisen gesichert. Die Oberflansche sind durch Flacheisenschließen gekoppelt und von der darüber befindlichen Beschüttung gegen Feuer geschützt. Die Untersicht ist durch die im Auflagerbereich ca. 1 cm ausgeklinkten Holzbalken eben und durch Schalung und darunter gehängten Putzträger zumeist aus Stuckrohr samt Verputz ebenfalls gegen Brandeinwirkung geschützt. Zusätzlich zu dem Vorteil der größeren Deckensteifigkeit ist die Fäulnisgefahr durch den Wegfall der Auflagerung von Holz auf Mauerwerk geringer. Durch die Konzentration der Lasten auf wenige Punkte der Lasteinleitung in die Wände ist einerseits das Traversenauflager immer über einem Fensterpfeiler oder ungestörtem Wandstück angeordnet und es wurde zumeist ein Auflagersockel aus Stein (Unterlagsquader) oder andere Druckverteilungsmaßnahmen ausgeführt. Die Traversen sind gemeinsam mit den querlaufenden Flachstahlschließen gleichzeitig auch als Zug- und Druckelemente des Verschließungssystems zu sehen.

Tabelle 050|3-11: Aufbauten von Tramtraversendecken

Tramtraversendecke mit Holzfußboden

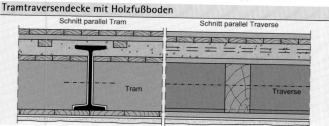

Schnitt parallel Tram — Schnitt parallel Traverse

Tram — Traverse

Bretterboden
Blindboden
Polsterholz
Beschüttung
Sturzschalung
Traverse
Tram
Stuckaturschalung
Putzträger (Schilfrohre)
Putz

Dippelbaumdecken

050|3|3|5

Die Dippelbaumdecke (Dübeldecke, Dippeldecke) fand in Deutschland nur wenig Verbreitung, war aber im Gebiet der ehemaligen Habsburgermonarchie im Biedermeier und in den Bauten der frühen Gründerzeit vor allem bei repräsentativeren Bauten die beherrschende Deckenform. Sie war aus Brandschutzgründen wegen ihres großen Tragvermögens zur Aufnahme der Trümmerlast beispielsweise in Wien für die letzte Geschoßdecke von den Behörden sogar vorgeschrieben. Dippelbaumdecken sind heute praktisch nur noch von historischem Interesse. Der Materialeinsatz ist sehr groß, da die Konstruktion aus unmittelbar nebeneinander liegenden Tannen- oder Fichtenholzbalken besteht. Dabei werden entrindete und vom Bast befreite Stämme entweder nur halbiert und geringfügig an den Seitenflächen besäumt oder an drei Seiten zu balkenähnlichen Querschnitten bearbeitet.

Die Dippelbaumdecke war in den Bauten der ehemaligen Habsburgermonarchie die beherrschende Deckenform.

Tabelle 050|3-12: Aufbauten von Dippelbaumdecken

Dippelbaumdecke mit Holzfußboden

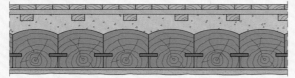

Bretterboden
Blindboden
Polsterholz
Beschüttung
Dippelbaum, verdübelt
Putzträger (Schilfrohre)
Putz

Dippelbaumdecke mit Ziegelpflaster

Ziegelpflaster
Beschüttung
Dippelbaum, verdübelt
Putzträger (Schilfrohre)
Putz

An den aneinanderstoßenden Längsseiten wurden die Dippelbalken mit 2-3 cm dicken und 10-15 cm langen Hartholzdübeln im Abstand von 1,5 bis 2,0 m verdübelt. Dies verteilt die Belastung auf mehrere Balken, verhindert ein zu starkes Schwingen der Decke und gibt der Konstruktion auch eine gewisse Scheibenschubsteifigkeit. Die Dübel an den beiden Seiten eines Balkens sind gegeneinander versetzt. Unmittelbar auf den Dippelbalken liegt die 4-8 cm starke Schüttung, die bei der letzten Geschoßdecke zum Dachboden hin mit einem Ziegelpflaster abgedeckt war oder in die Polsterhölzer des Blindbodens eingebettet wurde. Es kommt oft vor, dass die Balkenquerschnitte innerhalb einer Deckenebene stark variieren, die Unterkante bleibt jedoch eben und ist im Allgemeinen mit einer doppelten Lage Stuckaturrohr überspannt. Die üblichen Dippelbaumstärken liegen bei 14 bis 20 cm.

Hartholzdübel an den aneinanderstoßenden Längsseiten verteilen die Belastung auf mehrere Balken.

Im Gegensatz zu den Tramdecken wurden Dippelbaumdecken nicht übermauert, da ansonsten eine ungestörte Kraftableitung über den Mauerquerschnitt nicht gegeben ist. Dies bedeutet jedoch eine Zunahme der Mauerstärken um jeweils 15 cm (halbsteinstark) je Geschoß. Die Balkenenden liegen auf imprägnierten Rasthölzern auf, dennoch sind gerade diese Bereiche oft durchfeuchtet und durch Pilze oder auch Insektenbefall gefährdet. Im Bereich der Mittelmauer wurden die Dachdecken an einer Kaminseite ausgewechselt, an der anderen Seite liegen die Balken auf einem Mauervorsprung auf.

Die Dippelbaumdecke ist eine steife Konstruktion, sie weist ein relativ hohes Eigengewicht auf und wurde vor allem wegen ihres hohen Materialbedarfes und der konstruktiven Einschränkungen aus Kostengründen durch die sparsamere Tramdecke oder die Tramtraversendecke verdrängt. Die moderne Form der Dippelbaumdecke wird als Brettstapeldecke bezeichnet und kann auch als Form der Massivholzdecke gesehen werden. Mit 16 cm hohen Balken können Spannweiten über 5 m abgedeckt werden, bei einer Höhe von 24 cm erreicht man sogar bis zu 8 m. Das Schwingungsverhalten ist durch die vorhandene Querverteilungswirkung wesentlich verbessert und bildet kein Dimensionierungskriterium.

Die Dippelbaumdecke ist eine steife Konstruktion mit relativ hohem Eigengewicht, hohem Materialbedarf und konstruktiven Einschränkungen.

Decken in Tafelbauweise

050|3|4

Bei der Planung von Tafelbauten ist die Definition und Einhaltung eines Konstruktionsrasters wesentlich. Die Deckentafeln werden aus Rationalisierungsgründen möglichst groß konzipiert und sollten über die kürzest mögliche Spannweite spannen, selbstverständlich mit einheitlicher

Deckenbalkenhöhe. Sinnvoll ist auch die Orientierung der Balkenlage an Deckenöffnungen.

ÖNORM B 2320 [48] erläutert die technischen Anforderungen an Holzhäuser und gilt auch für die Tafelbauweise. Holztafeln sind im Prinzip Verbundkonstruktionen, wobei die Rippen zumeist aus Konstruktionsvollholz gemeinsam mit anderen geeigneten Plattenwerkstoffen zur ein- oder beidseitig angeordneten Beplankung zusammenwirken. Diese Balkenbeplankung kann je nach gewähltem Material und nach der Art des Anschlusses entweder als mittragend oder auch nur aussteifend gerechnet werden. Man kann nach dem Grad der Vorfertigung unterscheiden in:

- teilweise Vorfertigung – Balkenrippen oberseitig mit aussteifenden Bodenplatten beplankt, untere Tafellage und Dämmung wird auf der Baustelle montiert

- komplette Vorfertigung der Deckentafel

Tabelle 050|3-13: Aufbauten von Decken in Tafelbauweise

Holzdecke in Tafelbauweise mit Trockenestrich

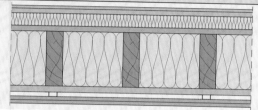

Belag
Trockenestrich
Mineralfaserplatte
Beplankung
Holzbalken (Rippen), dazwischen
Mineralfaserplatten
Beplankung
Gipskartonplatten auf Federschienen

Holzdecke in Tafelbauweise mit Zementestrich

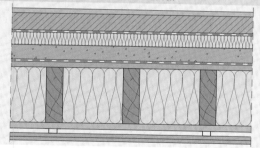

Belag
Zementestrich
Trennlage
Mineralfaserplatte
Schüttung
Rieselschutz
Beplankung
Holzbalken (Rippen), dazwischen
Mineralfaserplatten
Beplankung
Gipskartonplatten auf Federschienen

Ein kritischer Punkt im mehrgeschoßigen Holzbau in Tafelbauweise ist die Ausbildung des Wand-Deckenknotens auch in Hinsicht auf geringe Setzungen der Wandbauteile. Die Größe der Verformungen wird wandtafelseitig durch die Holzeinbaufeuchtigkeit und die Wahl von Materialien mit größerer Querdrucksteifigkeit – wie beispielsweise Furnierschichtholz – beeinflusst. Hier muss, wie auch aus Gründen des Holzschutzes, die Holzeinbaufeuchtigkeit mit 12 % beschränkt sein. Ein weiterer Vorteil der Tafelbauweise ist darin zu sehen, dass vorgefertigte Deckentafeln eine systemgebundene brandschutztechnische Einstufung ermöglichen. Weitere Punkte, die einer durchdachten konstruktiven Lösung bedürfen, sind:

- die Führung der Dampfsperren und deren Anschluss an die Wand bei Gewährleistung der Winddichtheit

- die Durchführung eventuell notwendiger Zugverankerungen durch den Wand-Deckenknoten

- die schalltechnische Entkopplung von Balkonen, Treppen und Erschließungsbereichen.

Abbildung 050|3-07: Decke in Tafelbauweise – Anschlussvarianten Wand-Decke [92]

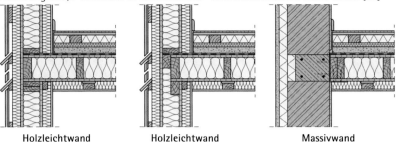

| Holzleichtwand | Holzleichtwand | Massivwand |

Die Fuge zwischen Wandtafeln und Deckenplatten sowie alle Durchdringungen der Wandflächen durch Balkonträger oder Konsolen sind Schwachstellen bezüglich der geforderten Winddichtheit, aber auch für die erforderliche Dampfbremse. Diese sollte sich ohne Unterbrechung über die Geschoße fortsetzen. Das Verspringen der Windsperrebene im Bereich des Deckenrostes muss mit Sorgfalt durchgeführt werden, damit die Gebäudehülle einen Luftwechsel mit maximal $1 \cdot h^{-1}$ aufweisen kann (Annahme: Lüftung durch Lüftungsanlage). Diese Problematik stellt sich besonders bei hinterlüfteten Fassaden, bei Verwendung eines Vollwärmeschutzsystems.

Die Dampfbremse sollte sich ohne Unterbrechung über die Geschoße fortsetzen.

Massivholzdecken

050|3|5

Bei Massivholzdecken finden die oft im Sägewerk nur minderwertig nutzbaren Randzonen von Nadelholz-Stämmen, die Brettseitenware, Verwendung. Diese Hölzer weisen festigkeitstechnisch relativ gute Werte auf und lassen sich – in abgestaffelten Qualitäten – zu hochwertigen Konstruktionen verarbeiten. Dadurch können diese Deckenformen sehr wirtschaftlich sein. Liegen bei der BSP-Decke die tragenden Lamellen, so sind sie bei der Brettstapeldecke hochkant eingebaut. Obwohl diese Deckenform ursprünglich von einzeln versetzten und auf der Baustelle verbundenen Brettern ausgeht, werden auch hier Deckenbauteile für rationelleren Baustelleneinsatz und bessere Materialausnutzung vorgefertigt. Ebenso finden im Massivholzdeckenbau Platten aus Holzfasern für konstruktive Elemente Anwendung, wie zum Beispiel mehrlagig verleimte OSB-Platten, die in Stärken von 7,5 cm bis 25 cm erhältlich sind und aus einem Plattenformat von 11,5 m × 2,77 m herausgesägt werden.

Bei Massivholzdecken finden oft die Brettseitenware oder Platten aus Holzfasern Verwendung.

Vorteilspunkte dieser flächigen, massiven Deckenplatten sind die größere Elementsteifigkeit und das Vorhandensein höherer speicherwirksamer Massen, sie dürfen für Deckenbauteile in Gebäuden mit vorwiegend ruhenden Verkehrslasten verwendet werden. Der Vorteil von Fertigteilen, die raschere Montage, verbindet sich mit dem von qualitätsgesicherten Elementgüten.

Aufbauten

050|3|5|1

Auch bei Massivholzdecken ist der Fußbodenaufbau entsprechend den an die Decke gestellten Anforderungen (hauptsächlich hinsichtlich des Schallschutzes) zu wählen. Deshalb werden auch hier praktisch immer eine Beschüttung oder sogar eine Beschüttung und ein Betonestrich notwendig. Zusätzlich werden sie oft auch mit untergehängten Decken versehen, dann geht aber der Vorteil der höheren Speichermasse verloren. Schalltechnisch, aber auch wärmetechnisch ist die schwerere Deckentafel allein bei höheren Anforderungen nicht ausreichend.

Werden Massivholz-decken mit unter-gehängten Decken versehen, geht der Vorteil der höheren Speichermasse verloren.

Beispiel 050|3-02: Wärme-, Schallschutz von Massivholzdecken [81]

OBEN

UNTEN

SCHNITT

Dicke [cm]	Schichtbezeichnung	U-Wert [W/(m²K)]	R_w [dB]	$L_{n,w}$ [dB]
5,0	Zementestrich			
	Trennlage			
3,0	Trittschalldämmung (Mineralwolle)			
5,0	Schüttung			
	Rieselschutz			
12,5	Massivholz	0,28	58	48
7,0	Lattung 40/50 auf Schwingbügel dazwischen			
5,0	Mineralwolle			
1,25	Gipskartonfeuerschutzplatte (GFK)			

OBEN

UNTEN

SCHNITT

Dicke [cm]	Schichtbezeichnung	U-Wert [W/(m²K)]	R_w [dB]	$L_{n,w}$ [dB]
5,0	Zementestrich			
	Trennlage			
3,0	Trittschalldämmung (Mineralwolle)			
3,0	Wärmedämmung (Polystyrol)			
5,0	Schüttung	0,30	60	48
	Rieselschutz			
14,0	Massivholz			
2,4	Lattung auf Dämmstreifen			
1,25	Gipskartonfeuerschutzplatte (GFK)			

OBEN

UNTEN

SCHNITT

Dicke [cm]	Schichtbezeichnung	U-Wert [W/(m²K)]	R_w [dB]	$L_{n,w}$ [dB]
1,0	Gipsfaserplatte			
1,0	Gipsfaserplatte			
7,5	Holzleichtbauplatte			
3,2	Trittschalldämmung			
5,0	Schüttung	0,30	67	46
	Rieselschutz			
14,0	Massivholz			

Anmerkung: Die bauphysikalischen Kennwerte wurden aus [81] entnommen und mit eigenen Berechnungen nicht verifiziert.

Auflager

Deckentafeln aus Vollholz werden entweder auf Vollholzwandtafeln oder auf dem Obergurt von Holzrahmen, dem Rähm, aufgelagert. Besonders bei Innenwänden wird die Schalldämmung der Wände durch die Flankenübertragung des Schalls reduziert. Um diesen Effekt nach Möglichkeit zu verhindern, werden die Deckenplatten schalltechnisch getrennt auf entsprechenden Lagerstreifen aufgelegt. Zusätzlich besteht aber die Forderung, bei mehrgeschoßigen Gebäuden die Stauchungen in den Fugen klein zu halten. Hier ist auf die Wahl der passenden Lager zu achten. Können keine Elastomerstreifen eingelegt werden, sind an den Wänden weiche Vorsatzschalen anzuordnen. Eventuell auftretende Zugkräfte sind ebenfalls zu übertragen. Bei der Dimensionierung der Befestigungselemente ist auf die geringere Tragkraft von Schrauben im Hirnholz zu achten.

Deckenplatten werden schalltechnisch ge-trennt auf entsprech-ende Lagerstreifen aufgelegt.

Zusätzlich sind die Fugen zumindest winddicht, bei Fassadenlösungen mit diffusionsdichteren Aufbauten sogar dampfdicht auszuführen. Zumeist werden Dichtungsbänder in den Auflagern verlegt, eine diffusionsoffene Konvektionssperre kann außen durchgezogen werden.

Abbildung 050|3-08: Auflagerung von Massivholzdecken

| Holzleichtwand | Holzmassivwand | Massivwand |

Decken aus Vollholz sind bei Auflagerung auf massiven Bauteilen auf Auflagerschwellen aufzulegen, die aus widerstandsfähigen Hölzern (z. B. Lärche) hergestellt sind und auf einer Pappebahn über einem Stahlbetonrost liegen. Die Auflagerschwelle muss planeben eingerichtet sein. Die weiterführenden Wände müssen zurückspringen, ein Übermauern der Holztafeln ist nicht zulässig. Eine Kombination von Massivwänden und Vollholzdecken ist im mehrgeschoßigen Hochbau aus diesem Grund nicht üblich.

Decken aus Brettsperrholz

050|3|5|3

Brettsperrholz (BSP) wird aus kreuzweise übereinandergestapelten, mit zugelassenen Klebern verleimten Brettsperrholzplatten (in Längs- und Querlamellen) hergestellt und je nach Einsatzbereich bzw. statischer Anforderung in 3, 5, 7 oder mehr Schichten bis zu einer Maximalstärke von 50 cm aufgebaut. Dabei wird ausschließlich technisch getrocknetes Holz mit einer Holzfeuchtigkeit von ca. 12 % verwendet. Quellen und Schwinden in der Plattenebene wird dadurch minimiert. Die erreichbare Qualität der BSP-Elemente entspricht mindestens den Brettschichtholzanforderungen nach ÖNORM EN 1194 [75] von GL 24h (BS 11h), was auch die Qualität der Keilzinkung definiert. Durch den hohen Vorfertigungsgrad ergeben sich kurze Montagezeiten und sofort belastbare Elemente.

Brettsperrholz wird aus kreuzweise übereinandergestapelten, verleimten Brettsperrholzplatten in mehreren Schichten aufgebaut.

Tabelle 050|3-14: Aufbauten von Decken aus Brettsperrholz

Holzdecke mit Trockenestrich

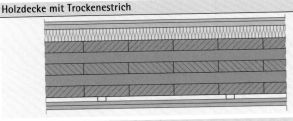

Belag
Trockenestrich
Mineralfaserplatte
Brettsperrholzplatte
Gipskartonplatten auf Federschienen

Holzdecke mit Zementestrich

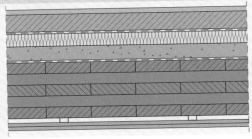

Belag
Zementestrich
Trennlage
Mineralfaserplatte
Schüttung
Rieselschutz
Brettsperrholzplatte
Gipskartonplatten auf Federschienen

Die derzeit größten Plattenformate betragen 4,5 m in der Breite und 16 m in der Länge (Sonderlängen bis 30 m). Bei üblichen Objekten im Hochbau werden Deckenelemente mit 5 Lagen und Elementdicken zwischen 125 und 170 mm eingesetzt. Die Oberflächen können wahlweise in Industriequalität oder Wohnsichtqualität hergestellt werden, Installationen lassen sich in geplanten Installationskanälen führen, Leitungen werden einfach durch die Deckenplatte durchgebohrt. Deckenplatten können durch einen verschraubten Stufenfalz, Nut- und Federausbildung oder Holzlaschen und Schrauben oder Bolzen sowie optionale zusätzliche Verklebung kraftschlüssig verbunden werden. In die Deckenstöße und Anschlussfugen müssen Dichtbänder zur Gewährleistung der Rauchdichtheit eingelegt werden. Elementlängsstöße können durch Nut- und Federausbildung sowie zusätzliche Verschraubung erfolgen. Bei engeren Fugenabständen als ca. 3,0 m sind Abminderungen der Steifigkeit bei der Berechnung zu berücksichtigen.

Die Oberflächen von Brettsperrholz können wahlweise in Industriequalität oder Wohnsichtqualität hergestellt werden.

Brandschutz

Die Abbrandgeschwindigkeit von BSP-Platten ist mit 0,76 mm/min etwas höher als die von Vollholz. Beim rechnerischen Nachweis ist zu beachten, dass sich im Falle des Abbrennens einer kompletten Lage (Branddauer ca. 30 min) die statisch wirksame Plattenhöhe gleich um zwei Lagen bis zur nächsten in Kraftrichtung wirksamen Lage reduziert, deren Tragfähigkeit dann aber die vollen weiteren 30 Minuten erhalten bleibt. Mit 5-schichtigen Platten ist somit je nach Belastung eine Brandwiderstandsdauer von 60 Minuten erreichbar, wobei durch Überdimensionierung höhere Feuerwiderstandwerte problemlos erreichbar sind.

Mit 5-schichtigen Platten ist eine Brandwiderstandsdauer von 60 Minuten möglich.

Brettstapeldecken

050|3|5|4

Aus architektonischer Sicht stellen Brettstapeldecken eine interessante Alternative zu Holzbalkendecken und Massivdecken dar. Es gibt verschiedene Gestaltungsformen von Brettstapeldecken, scharfkantige, gefaste, mit Nut und Feder, mit Kabelnut und mit einem Akustikprofil.

Tabelle 050|3-15: Aufbauten von Brettstapeldecken

Holzdecke mit Trockenestrich

Belag
Trockenestrich
Mineralfaserplatte
Brettstapelplatte
Gipskartonplatten auf Federschienen

Holzdecke mit Zementestrich

Belag
Zementestrich
Trennlage
Mineralfaserplatte
Schüttung
Rieselschutz
Brettstapelplatte
Gipskartonplatten auf Federschienen

Brettstapeldecken bestehen aus hochkant nebeneinander liegenden Brettern zwischen 24 und 60 mm, welche entweder vor Ort zumeist durch Nagelung miteinander verbunden oder durch Verleimen schon im Werk zu vorgefertigten Elementen ähnlich den Brettsperrholzplatten vorkonfektioniert werden. Gegenüber verleimten Brettstapeldecken ist das Vernageln schalltechnisch und für ein späteres Recycling als die günstigere Variante zu sehen.

Gegenüber verleimten Brettstapeldecken ist das Vernageln die schalltechnisch günstigere Variante.

Die modernere Bauform von Brettstapeldecken ist jedoch die Vorfertigung der Deckensysteme, wo man gütesortiertes Brettschichtholz BS11 (nach ÖNORM EN 14080 [77]) verarbeitet. Die vorgefertigten Platten mit einer maximalen Länge von 24 m und maximaler Breite von 1250 mm sowie Dicken bis 260 mm wirken tragend und aussteifend. Da die Lamellen verleimt sind, können die Deckenelemente auch als winddicht angesehen werden. Genagelte Brettstapeldecken sind schubweich und luftdurchlässig und erlangen erst durch eine darüber fixierte Deckplatte Scheibencharakter. Wind- oder Rauchdichtheit sind durch zusätzliche Sperrschichten herzustellen. Nachfolgende Punkte sind bei Brettstapeldecken zu beachten:

- Aufgrund des natürlichen Quell- und Schwindverhaltens sind ausreichende Dehnfugen vorzusehen.
- Um Schwindrisse zu vermeiden, ist das Bauwerk im ersten Winter langsam aufzuheizen.
- Die Elemente dürfen während des Transports, der Lagerung und der Montage niemals der Witterung ausgesetzt sein.

Auch bei Brettstapeldecken, welche ein günstigeres Durchbiegungsverhalten als BSP-Decken aufweisen – die nachteilige Schubverformung der Verbundlagen entfällt –, gilt die erforderliche Begrenzung der Durchbiegung zur Vermeidung von zu großen Schwingungen. Der Zusammenschluss von vorgefertigten Elementen erfolgt durch Profilierung der Seitenflächen, Decklamellen aus z. B. Furniersperrholz und Verschraubung.

Decken aus Hohlkastenträgern

050|3|5|5

Durch Verleimen von Brettschichtholzträgern mit Brettsperrholzplatten lassen sich Rippen und Kastenquerschnitte herstellen und somit größere Spannweiten bis zu 12 m überbrücken, ohne auf die Vorteile der Vollholzdecken zu verzichten (geschützter Markenname „Lignatur"). Hohlkastenträger mit einer Breite von 195 mm sind in Höhen von 120 bis über 300 mm lieferbar. Die Träger werden mittels Nut und Feder untereinander verbunden. Die Einzelelemente sind leicht manuell manipulierbar und können auch bei Revitalisierungen eingesetzt werden.

Hohlkastenträger werden mittels Nut und Feder untereinander verbunden.

Tabelle 050|3-16: Aufbauten von Decken aus Hohlkastenträgern

Holzdecke mit Trockenestrich

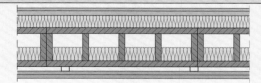

Belag
Trockenestrich
Mineralfaserplatte
Hohlkastenträger
Gipskartonplatten auf Federschienen

„Lignatur"-Flächenelemente sind Hohlkastenteile in Zellbauweise, die sich für tragende Boden- und Dachkonstruktionen auch im Wohnungsbau eignen. Die Flächenelemente bieten auch dämmende und speichernde Eigenschaften.

Aufgelagert werden die Elemente auf Stahlwinkeln oder einem Schwellenkranz. Die Konstruktionshöhen entsprechen den Höhen der Hohlkastenträger, die Elementbreiten sind standardisiert mit 514 mm und 1000 mm.

Die Massivholzelemente können ebenso wie andere Holzbalkendecken rasch und einfach in Trockenbauweise eingebaut werden. Das fertige Flächentragwerk ist relativ steif und weniger schwingungsanfällig als herkömmliche Holzbalkendecken. Werden keine besonderen Anforderungen an den Schall- und Wärmeschutz sowie den Brandschutz der Decke gestellt, können die Elemente beidseitig sichtbar belassen werden. Die Untersichten der Deckenelemente lassen sich sowohl in der Profilierung als auch im Material variieren.

Dimensionierung von Holzdecken

050|3|6

Holzdecken werden in Österreich nach ÖNORMen EN 1995-1-1 [70] und B 1995-1-1 [34] (Eurocode 5) bemessen. Die früher in den österreichischen Normen als Bemessungskriterien definierten „zulässigen Spannungen" sind dabei durch das Konzept der Nachweise nach Grenzzuständen der Tragfähigkeit bzw. der Gebrauchstauglichkeit unter Berücksichtigung von Teilsicherheitsbeiwerten ersetzt (siehe Band 7: Dachstühle [6], und Sonderband: Holz im Hochbau [10]).

Die Bemessungswerte der Festigkeitseigenschaften sind einerseits von der charakteristischen Festigkeit, Faserrichtung, Beanspruchung und dem zugehörigen Teilsicherheitsbeiwert abhängig, andererseits durch das Umgebungsklima und die Dauer der Lastbeanspruchung beeinflusst. Holz, das im Freien eingebaut wird, ist weniger dauerhaft und tragfähig als Holz im Innenraum von Gebäuden oder unter trockenen Randbedingungen. Holz, das kurzzeitig, zum Beispiel durch Windlasten, belastet wird, kann höhere Kräfte und Spannungen aufnehmen, als wenn es ständig beansprucht wird. Die Lasteinwirkungsdauer sowie das Umgebungsklima eines eingebauten Holzbauteils wird mit dem Faktor k_{mod} berücksichtigt. Die Bemessungswerte der Festigkeiten sind dann im Holzbau – abweichend von anderen Baustoffen – mit dem Faktor k_{mod} zu multiplizieren und durch den Teilsicherheitsbeiwert γ_{M} zu dividieren.

Die Bemessung von Holzdecken erfolgt über den Nachweis der Grenzzustände nach ÖNORM B 1995-1-1.

Tabelle 050|3-17: charakteristische Festigkeiten für Nadelholz – ÖNORM EN 338 [58]

	Symbol	C14	C16	C18	C20	C22	C24	C27	C30	C35	C40	C45	C50
Festigkeitseigenschaften [kN/cm²]													
Biegung	$f_{m,k}$	1,4	1,6	1,8	2,0	2,2	2,4	2,7	3,0	3,5	4,0	4,5	5,0
Zug in Faserrichtung	$f_{t,0,k}$	0,8	1,0	1,1	1,2	1,3	1,4	1,6	1,8	2,1	2,4	2,7	3,0
Zug rechtwinklig zur Faserrichtung	$f_{t,90,k}$	0,04	0,04	0,04	0,04	0,04	0,04	0,04	0,04	0,04	0,04	0,04	0,04
Druck in Faserrichtung	$f_{c,0,k}$	1,6	1,7	1,8	1,9	2,0	2,1	2,2	2,3	2,5	2,6	2,7	2,9
Druck rechtwinklig zur Faserrichtung	$f_{c,90,k}$	0,2	0,22	0,22	0,23	0,24	0,25	0,26	0,27	0,28	0,29	0,31	0,32
Schub	$f_{v,k}$	0,3	0,32	0,34	0,36	0,38	0,40	0,40	0,40	0,40	0,40	0,40	0,40
Steifigkeitseigenschaften [kN/cm²]													
Mittelwert des E-Moduls in Faserrichtung	$E_{0,mean}$	700	800	900	950	1000	1100	1150	1200	1300	1400	1500	1600
5 %-Quantil des E-Moduls in Faserrichtung	$E_{0,05}$	470	540	600	640	670	740	770	800	870	940	1000	1070
Mittelwert des E-Moduls rechtwinklig zur Faserrichtung	$E_{90,mean}$	23	27	30	32	33	37	38	40	43	47	50	53
Mittelwert des Schubmoduls	G_{mean}	44	50	56	59	63	69	72	75	81	88	94	100
Rohdichte [kg/m³]													
Rohdichte	p_k	290	310	320	330	340	350	370	380	400	420	440	460
Mittelwert der Rohdichte	p_{mean}	350	370	380	390	410	420	450	460	480	500	520	550

$$f_{m,d} = f_{m,k} \cdot \frac{k_{\mathrm{mod}}}{\gamma_{\mathrm{M}}}$$

(050|3-02)

$f_{m,k}$	charakteristischer Wert der Biegefestigkeit	N/mm²
$f_{m,d}$	Bemessungswert der Biegefestigkeit	N/mm²

Tabelle 050|3-18: Beiwertefaktor k_{mod}/γ_M

Baustoff	Nutzungsklasse	Dauer				
		ständig	lang	mittel	kurz	sehr kurz
Vollholz	1	0,46	0,53	0,61	0,69	0,84
	2	0,46	0,53	0,61	0,69	0,84
	3	0,38	0,42	0,50	0,53	0,69
BSH	1	0,48	0,56	0,64	0,72	0,88
	2	0,48	0,56	0,64	0,72	0,88
	3	0,40	0,44	0,52	0,56	0,72

Holzbalkendecken

050|3|6|1

Die Querschnittsabmessungen der Balken sind hauptsächlich von der Spannweite, den aufzunehmenden Nutzlasten und dem Abstand der Balken voneinander abhängig. Größere Spannweiten oder größere Steifigkeiten können erreicht werden, wenn die Balken mit den Fußbodenplatten und den Deckplatten stark vernagelt (Nagelabstände ca. 5 cm) oder verleimt werden. Die Querschnitte sind idealerweise an den handelsüblichen Holzdimensionen zu orientieren, wobei Breiten/Höhenverhältnisse von rund 1:2 anzustreben sind. Als wirtschaftlich haben sich Balkenabstände von 40 bis 80 cm herausgestellt, da hier auch die überspannende Schalung mit 16 bis 24 mm Stärke eine kostengünstige Lösung bietet. Eine Besonderheit ist die Pfostendecke bzw. die Bohlenlamellendecke, wo dünne, hohe Pfosten 3/16 cm bis 5/20 cm in engem Abstand (14 bis 20 cm) verlegt werden und wo die Lagestabilität durch quer dazwischen gestellte Pfostenstücke gegeben ist. Pauschale Trennwand-zuschläge sind nur für Deckensysteme mit gesicherter Quertragwirkung zulässig, für die meisten Holzdeckensysteme muss also die Beanspruchung aus auf der Decke stehenden Wänden gesondert nachgewiesen werden, oder es sind die Deckenelemente selbsttragend auszubilden.

Größere Spannweite oder größere Steifig-keit kann erreicht werden, wenn die Balken mit den Fuß-bodenplatten und den Deckplatten vernagelt oder verleimt werden.

Für Gebrauchstauglichkeit, Schadensvermeidung und Erscheinungsbild sind nach ÖNORM B 1995-1-1 [34] mehrere Grenzwerte definiert. Für übliche Decken (ohne Überhöhung) ist die Anfangsverformung unter Last mit $l/300$ bzw. für den Endzustand nach Kriechverformungen mit $l/250$ der Spannweite begrenzt. Leichte Deckensysteme sind zumeist schwingungsanfällig, hierzu wird ebenfalls ein Gebrauchstauglichkeitsnachweis verlangt.

Grenzzustand der Tragfähigkeit

Die Biegebemessung erfolgt nach dem Prinzip der linearen Spannungs-Dehnungs-Beziehung im Hook'schen Bereich. Die einachsige Biegung als häufigster Bemessungsfall setzt eine lotrechte Lastebene voraus, der maßgebliche Querschnittswert ist das Widerstandsmoment. Der Bemessungswert der Biegefestigkeit wird der Spannung in der Randfaser gegenübergestellt.

$$\sigma_{m,d} = \frac{M_d}{W_y} \leq f_{m,d} \qquad W_y = \frac{b \cdot h^2}{6}$$

(050|3-03)

$\sigma_{m,d}$	Bemessungswert der Biegebeanspruchung auf den Querschnitt	kN/cm²
$f_{m,d}$	Bemessungswert der Biegefestigkeit	kN/cm²
W_y	Widerstandsmoment	cm³
b, h	Balkenbreite, Balkenhöhe	cm

Grenzzustand der Gebrauchstauglichkeit – Durchbiegungen

Für den Grenzzustand der Gebrauchstauglichkeit sind Nachweise zur Schadensvermeidung und zum Erscheinungsbild zu führen. Ergänzt werden diese beiden Nachweise dann noch um die Einhaltung der Anforderungen an die Schwingungsanfälligkeit.

$$w = \frac{5 \cdot q \cdot l^4}{384 \cdot E \cdot I} \qquad I = \frac{b \cdot h^3}{12}$$

w	Durchbiegung in Feldmitte eines Einfeldträgers	cm
E	Elastizitätsmodul Holz (Tabelle 050|3-17)	kN/cm²
I	Trägheitsmoment	cm⁴
l	Stützweite Einfeldträger	cm
b, h	Balkenbreite, Balkenhöhe	cm

(050\|3-04)

Die elastische Anfangsdurchbiegung w_{inst} dient dem Nachweis der Sicherstellung der Funktionstüchtigkeit des Bauteils und der Vermeidung von Schäden an nachgeordneten Bauteilen und ist für die charakteristische Kombination der Einwirkungen zu ermitteln.

$$w_{inst} = \sum_{j \geq 1}(w_{G,j}) + w_{Q,1} + \sum_{i>1}(\psi_{0,i} \cdot w_{Q,i}) \leq \frac{l}{300}$$

w_{inst}	elastische Anfangsdurchbiegung	cm
$\sum w_{G,j}$	Durchbiegungen zufolge aller ständigen Einwirkungen	cm
$w_{Q,1}$	Durchbiegung zufolge der führenden veränderlichen Einwirkung	cm
$w_{Q,i}$	Durchbiegung zufolge weiterer veränderlicher Einwirkungen	cm
$\psi_{0,i}$	Kombinationsbeiwert einer veränderlichen Einwirkung	-
l	Deckenstützweite	cm

(050\|3-05)

Die Enddurchbiegung $w_{net,fin}$ berücksichtigt das Erscheinungsbild des betrachteten Bauteils oder das Wohlbefinden der Nutzer und ist für die quasiständige Kombination von Einwirkung als Summe der Anteile w_{inst}, w_{creep} (Durchbiegung zur Folge Kriechen) und einer allfälligen spannungslosen Überhöhung w_c zu ermitteln.

$$w_{net,fin} = w_{inst} + w_{creep} - w_c \leq \frac{l}{250}$$

$$w_{net,fin} = \left[\sum_{j \geq 1}(w_{G,j}) + \sum_{i>1}(\psi_{2,i} \cdot w_{Q,i})\right] \cdot (1 + k_{def}) - w_c \leq \frac{l}{250}$$

(050\|3-06)

Grenzzustand der Gebrauchstauglichkeit – Schwingungsverhalten

In Abhängigkeit der jeweiligen Deckenklassen ist der Schwingungsnachweis unter Einhaltung der Grenzwerte der Eigenfrequenzen oder Schwingbeschleunigungen zu führen (050\|3\|6\|3).

In Tabelle 050\|3-19 wurden für eine Balkendecke aus Fichtenholz C 24 (S10) ($f_{m,k}$ = 2,4 kN/cm²; k_{mod}/γ_M = 0,61; $E_{längs}$ = 1100 kN/cm²) und für vier übliche Lastkombinationen jeweils nach vier unterschiedlichen Grenzkriterien die erforderlichen Balkenbreiten pro Meter Deckenbreite ermittelt und das relevante Ergebnis ausgewiesen:

A: Tragfähigkeit nach (050\|3-03)

B: Durchbiegungsbeschränkung Schadensvermeidung nach (050\|3-05)

C: Durchbiegungsbeschränkung Erscheinungsbild nach (050\|3-06)

D: Einhaltung der Eigenfrequenz ≥8 Hz nach Abschnitt 050\|3\|6\|3

Tabelle 050|3-19: erforderliche Balkenbreiten in cm je Meter Deckenbreite

ständige Lasten = 2,0 kN/m²   veränderliche Lasten = 2,0 kN/m²

Spann-weite [cm]	Balkenhöhe [cm], Deckenklasse I: $f_1 \geq 8$ Hz							Balkenhöhe [cm], Deckenklasse II: $f_1 \geq 6$ Hz						
	14	16	18	20	22	24	28	14	16	18	20	22	24	28
300	D 22	D 15	D 11	D 8	D 6	A 5	A 4	B 17	B 12	A 8	A 7	A 6	A 5	A 4
350	D 40	D 27	D 19	D 14	D 11	D 8	D 5	B 27	B 18	B 13	B 10	A 8	A 7	A 5
400	D 68	D 46	D 32	D 24	D 18	D 14	D 9	B 40	B 27	B 19	B 14	B 11	A 8	A 6
450		D 73	D 52	D 38	D 28	D 22	D 14	D 62	D 41	D 30	D 21	D 16	D 13	D 8
500			D 78	D 57	D 43	D 33	D 21	D 94	D 63	D 44	D 32	D 24	D 19	D 12
550				D 84	D 63	D 49	D 31		D 92	D 65	D 47	D 36	D 28	D 18
600					D 89	D 69	D 43			D 91	D 67	D 50	D 39	D 25
650						D 94	D 60				D 92	D 69	D 53	D 34
700							D 80					D 93	D 71	D 45

ständige Lasten = 2,0 kN/m²   veränderliche Lasten = 3,0 kN/m²

Spann-weite [cm]	Balkenhöhe [cm], Deckenklasse I: $f_1 \geq 8$ Hz							Balkenhöhe [cm], Deckenklasse II: $f_1 \geq 6$ Hz						
	14	16	18	20	22	24	28	14	16	18	20	22	24	28
300	D 22	D 15	A 11	A 9	A 7	A 6	A 5	B 21	B 15	A 11	A 9	A 7	A 6	A 5
350	D 40	D 27	D 19	D 14	D 11	D 8	A 6	B 34	B 23	B 16	B 12	A 10	A 8	A 6
400	D 68	D 46	D 32	D 24	D 18	D 14	D 9	B 50	B 34	B 24	B 18	B 13	A 11	A 8
450		D 73	D 52	D 38	D 28	D 22	D 14	B 71	B 48	B 34	B 25	B 19	B 15	A 10
500			D 78	D 57	D 43	D 33	D 21	B 98	B 66	B 46	B 34	B 25	B 20	B 13
550				D 84	D 63	D 49	D 31		D 92	D 65	D 47	D 36	D 28	D 18
600					D 89	D 69	D 43			D 91	D 67	D 50	D 39	D 25
650						D 94	D 60				D 92	D 69	D 55	D 34
700							D 80					D 93	D 71	D 45

ständige Lasten = 3,0 kN/m²   veränderliche Lasten = 2,0 kN/m²

Spann-weite [cm]	Balkenhöhe [cm], Deckenklasse I: $f_1 \geq 8$ Hz							Balkenhöhe [cm], Deckenklasse II: $f_1 \geq 6$ Hz						
	14	16	18	20	22	24	28	14	16	18	20	22	24	28
300	D 22	D 15	D 11	A 9	A 7	A 6	A 5	B 21	B 15	B 10	A 9	A 7	A 6	A 5
350	D 40	D 27	D 19	D 14	D 11	D 8	A 6	B 34	B 23	B 16	B 12	A 10	A 8	A 6
400	D 68	D 46	D 32	D 24	D 18	D 14	D 9	B 50	B 34	B 24	B 18	B 13	A/B 10	A 8
450		D 73	D 52	D 38	D 28	D 22	D 14	B 71	B 48	B 34	B 25	B 19	B 15	A 10
500			D 78	D 57	D 43	D 33	D 21	B 98	B 66	B 46	B 34	B 25	B 20	B 13
550				D 84	D 63	D 49	D 31		D 92	D 65	D 47	D 36	D 28	D 18
600					D 89	D 69	D 43			D 91	D 64	D 50	D 39	D 25
650						D 94	D 60				D 92	D 69	D 53	D 34
700							D 80					D 93	D 71	D 45

ständige Lasten = 3,0 kN/m²   veränderliche Lasten = 3,0 kN/m²

Spann-weite [cm]	Balkenhöhe [cm], Deckenklasse I: $f_1 \geq 8$ Hz							Balkenhöhe [cm], Deckenklasse II: $f_1 \geq 6$ Hz						
	14	16	18	20	22	24	28	14	16	18	20	22	24	28
300	B 26	B 17	A 13	A 10	A 9	A 7	A 5	B 26	B 17	A 13	A 10	A 9	A 7	A 5
350	B 40	B 27	B 19	B 14	A 11	A 10	A 7	B 40	B 27	B 19	B 14	A 11	A 10	A 7
400	D 68	D 46	D 32	D 24	D 18	D 14	A 9	B 60	B 40	B 29	B 21	B 16	A 13	A 9
450		D 73	D 52	D 38	D 28	D 22	D 14	B 85	B 57	B 40	B 30	B 22	B 17	A 12
500			D 78	D 57	D 43	D 33	D 21		B 79	B 55	B 40	B 30	B 24	B 15
550				D 84	D 63	D 49	D 31			B 73	B 54	B 40	B 31	B 20
600					D 89	D 69	D 43			B 95	B 70	B 52	B 40	B 26
650						D 94	D 60				D 92	D 69	B 51	D 34
700							D 80					D 93	D 71	D 45

Für übliche Decken ohne Überhöhung ist die Durchbiegungsbegrenzung mit $l/300$ der Spannweite das entscheidende Bemessungskriterium. Leichte Deckensysteme sind jedoch zumeist schwingungsanfällig, wodurch bei größeren Spannweiten nur mehr der Gebrauchstauglichkeitsnachweis des Schwingungsverhaltens maßgeblich wird. Die Einhaltung des Grenzzustandes der Tragfähigkeit ist für eine Holzdeckenbemessung nur mehr in Einzelfällen der kritische Nachweis, was aber auch positiv hinsichtlich kurzzeitiger Überlastungen und damit möglicher Tragreserven zu sehen ist.

Massivholzdecken

Massivholzdecken sind je nach Tragwirkung unterschiedlich zu dimensionieren. Bei unverleimten Brettstapeldecken kann eine Plattentragwirkung nur bedingt angenommen werden, verleimte Elemente ermöglichen eine weitergehende Lastquerverteilung. Bei Brettsperrholzplatten ist eine allseitige Lastabtragung möglich, wenn die einzelnen Plattenelemente durch konstruktive Maßnahmen (beispielsweise verschraubte und verklebte Stufenfälze) kraftschlüssig verbunden sind. Speziell bei Brettsperrholzplatten (Kreuzlagenholz) sind Besonderheiten des Berechnungsverfahrens zu beachten:

Bei unverleimten Brettstapeldecken ist eine Plattentragwirkung nur bedingt möglich.

Die Festigkeitskennwerte von Holz quer zur Faserrichtung sind im Vergleich zur Längsrichtung wesentlich kleiner, somit muss für eine exakte Berechnung der nachgiebige Verbund zwischen den einzelnen Längslagen berücksichtigt werden (Schubverformung). Aus Versuchen ist bekannt, dass die Tragfähigkeit von Brettsperrholz-Elementen durch Brüche in den Querlagen beschränkt wird. Der Schubmodul G der Querlagen (Rollschub) kann vereinfachend als wesentlicher Materialparameter herangezogen werden, ist aber von vielen Einflüssen (z. B. Neigung der Jahrringe in den Brettern) abhängig und stark streuend. In einfacher Näherung können zur Ermittlung der auftretenden Spannungen die Nettoquerschnittswerte – das sind nur die Anteile der in jeweiliger Richtung längsorientierten Holzquerschnitte – herangezogen werden. Eine andere Methode bei Gleichlasten ist die Reduktion des vorhandenen Querschnittes mit Abminderungsfaktoren, welche die Steifigkeitsabnahme des orthotropen, schubweichen Verbundquerschnittes repräsentieren. Als Materialgüte ist länderspezifisch BS11 oder BS14 anzusetzen. Die Tragfähigkeit der Platten quer zur Spannrichtung der Decklagen kann durch das Berechnen der Querschnittswerte ohne die Berücksichtigung der Decklagen ermittelt werden. Bei 3-schichtigen Platten kann die mittlere Decklage als Vollholzquerschnitt betrachtet werden. Ein sinnvoller Modellansatz für die tatsächliche Tragwirkung als „Platte" ist ein Trägerrost mit unterschiedlichem Tragvermögen in x- und y-Richtung und mit weichen Kopplungen zur Berücksichtigung der Plattenstöße. Die meisten Plattenhersteller bieten Bemessungsprogramme, abgestimmt auf die jeweilige Produktpalette an, die nach den Theorien des schubnachgiebigen Balkens oder der schubnachgiebigen Platte den Verbundquerschnitt nach seinen tatsächlichen Eigenschaften abbildet.

Tabelle 050|3-20: Mindestplattendicke in mm bei Einfeld- und Zweifeldplatten [87]

ständige Last [kN/m²]	Nutzlast [kN/m²]	Deckenstützweite [m]				
		3,00	4,00	5,00	6,00	7,00
1,00	2,00	110	140	160	190	200
	3,00	110	140	160	190	220
	4,00	110	140	160	190	220
	5,00	110	140	160	190	220
2,00	2,00	110	140	170	190	220
	3,00	110	140	170	190	220
	4,00	110	140	170	190	220
	5,00	110	140	170	190	240
3,00	2,00	110	150	170	190	240
	3,00	110	150	170	190	240
	4,00	110	150	170	190	240
	5,00	110	150	170	190	240

Tabelle 050|3-20 beinhaltet Beispiele für die Tragfähigkeit von Brettsperrholzplatten, deren Stärke sowohl über die Grenzzustände der Biege- und Schubtragfähigkeit wie auch der Gebrauchstauglichkeitskriterien der Durchbiegungen und des Schwingungsverhaltens für die Deckenklasse I bemessen wurde.

Schwingungsverhalten

Die übliche Durchbiegungsbegrenzung ist wegen der Schwingungsanfälligkeit der leichten Deckensysteme, auch im Fall von Erdbebeneinwirkungen, oft ein nicht ausreichendes Grenzkriterium. ÖNORM EN 1995-1-1 [70] geht über diese globale Begrenzung hinaus und sieht spezielle Nachweise für das Schwingungsverhalten vor. Obwohl Schwingungen von Decken oft subjektiv beurteilt werden, lassen sich objektiv nachvollziehbare Grenzen definieren. Der Schwingungsnachweis bezieht sich auf personeninduzierte Schwingungen und umfasst drei Deckenklassen, die geplanten Anforderungen bzw. die Nutzung (siehe Sonderband: Holz im Hochbau [10]).

Der Schwingungsnachweis bezieht sich nur auf personeninduzierte Schwingungen und umfasst drei Deckenklassen.

Deckenklasse I

Decken mit hohen Schwingungsanforderungen, z. B. zwischen unterschiedlichen Nutzungseinheiten, Wohnungstrenndecken in Mehrfamilienwohnhäusern, Decken in Büros mit PC-Nutzung oder Besprechungsräumen, Flure mit kurzen Spannweiten. Schwingungen werden hier gar nicht oder nur, wenn man sich darauf konzentriert, gering spürbar wahrgenommen und nicht als störend empfunden.

Deckenklasse II

Decken mit üblichen Schwingungsanforderungen, z. B. innerhalb einer Nutzungseinheit, in üblichen Einfamilienhäusern bzw. Decken im Bestand. Schwingungen sind in dieser Klasse spürbar, werden jedoch nicht als störend empfunden.

Deckenklasse III

Decken mit geringen Schwingungsanforderungen. Diese Decken sind z. B. unter nicht genutzten Räumen oder nicht ausgebauten Dachräumen bzw. Dächern. Schwingungen werden spürbar bis deutlich spürbar wahrgenommen und unangenehm bzw. teilweise störend empfunden.

Decken sollen zur Vermeidung von störenden Schwingungen eine Eigenfrequenz von über 8 Hz aufweisen, Frequenzen unter 7 Hz werden schon als sehr unangenehm empfunden. Solche Decken lassen sich auch leicht zu Resonanzschwingungen anregen. Frequenzen unter 4,5 Hz sind nicht mehr zulässig. Zur Überprüfung des Frequenzkriteriums ist im Allgemeinen die erste Eigenfrequenz f_1 des betrachteten Bauteils maßgeblich und für die Schwingungsberechnung die quasiständige Lastkombination zu verwenden.

Alternativ zur Berechnung darf der Schwingungsnachweis von Holzdeckenkonstruktionen auch durch Messungen erbracht werden.

Überlagert man typische Belastungen, wie sie beispielsweise aus dem Gehen entstehen und summiert diese über einem Frequenzbereich von 8 bis 40 Hz auf, erhält man Kontaktkräfte von 0,5 bis 1,0 kN. Diese verursachen dann eine Durchbiegung der Decke. Die Steifigkeitsanforderung geht nun von einer Einzelkraft von 1 kN aus, die in Deckenmitte ein Grenzmaß der Verformung von 1 bis 2 mm nicht übersteigen darf, ein Wert von $w_{grenz} = 1{,}5$ mm wird empfohlen und kann als weiteres, derzeit nicht normatives Grenzkriterium für die Schwingungsanfälligkeit einer Decke angesehen werden.

$$f_1 = \frac{\pi}{2 \cdot l^2} \cdot \sqrt{\frac{(E \cdot I)_y}{m}} \cdot \sqrt{1 + \left(\frac{l}{b}\right)^4 \cdot \frac{(E \cdot I)_z}{(E \cdot I)_y}} \geq f_{min} \geq f_{grenz}$$

$$m = \frac{E_d}{g} = \frac{E_d}{10}$$

(050|3-07)

f_1	elastische erste Eigenfrequenz	Hz
f_{min}	minimale Eigenfrequenz f_{min}= 4,5 Hz	Hz
f_{grenz}	Grenzfrequenz	
	Deckenklasse I: $\quad f_{grenz} = 8,0$ Hz	
	Deckenklasse II: $\quad f_{grenz} = 6,0$ Hz	Hz
	Deckenklasse III: $\quad f_{grenz} = f_{min}$	
l	Spannweite der Decke in Hauptrichtung	m
b	Deckenbreite	m
m	Masse pro Flächeneinheit (quasiständig)	kg/m²
E_d	Belastung für die quasiständige Lastkombination	N/m²
g	Erdbeschleunigung ~10 m/s²	m/s²
$(E \cdot I)_y$	Plattenbiegesteifigkeit in der y-Achse (Haupttragrichtung)	Nm²/m
$(E \cdot I)_z$	Plattenbiegesteifigkeit in der z-Achse (Quertragrichtung)	Nm²/m
I_y, I_z	Trägheitsmoment um die y-, z-Achse	m⁴
E	Elastizitätsmodul Holz ($E_{Holz} = 10^{10}$ N/m²)	N/m²

Bei Frequenzen über 8 Hz reagieren Personen hauptsächlich auf die Schwingungsgeschwindigkeit und zwischen 4 bis 8 Hz maßgebend auf die Schwingbeschleunigung. Über 8 Hz ist die Schwingbeschleunigung mit unter 0,15 m/s² nur gering und liegt nahe der Grenzbeschleunigung für das Wohlbefinden mit 0,1 m/s². Bei Nichterfüllen des Nachweises der Grenzfrequenz ist nach ÖNORM EN 1995-1-1 [70] eine spezielle Untersuchung mittels des Nachweises der Schwingbeschleunigung erforderlich. Die dann einzuhaltenden Grenzwerte der Beschleunigungen sind bei Deckenklasse I $a_{grenz} = 0,05$ m/s² und bei Deckenklasse II $a_{grenz} = 0,10$ m/s².

Bei der Planung sollte man berücksichtigen, dass eine große Längs- bzw. Quersteifigkeit oder querverteilende Wirkung des Deckensystems sowie eine größere Dämpfung (durch mehrschichtigen Fußbodenaufbau) die Schwingungsanfälligkeit verringern. Auch eine höhere Masse ist grundsätzlich für die Schwinggeschwindigkeit günstig, kann jedoch die Eigenfrequenz erhöhen und dadurch problematisch werden und ist im Einzelfall zu beurteilen. Jedenfalls sollten vertikale Tragelemente und leichte Trennwände übereinander stehen, und die stützenden Unterzüge selbst sind ausreichend steif herzustellen. Schwingungstechnisch ist eine hohe Quersteifigkeit günstig, auf den Schallschutz wirkt sich diese Eigenschaft jedoch negativ aus.

Maßnahmen zur schwingungstechnischen Verbesserung können sich auch nachteilig auf den Schallschutz auswirken.

Beispiel 050|3-03: Bemessung Holzbalkendecke – Ermittlung der maximalen Deckenspannweite l

Holzdecke: Balken 12/24 cm, e = 70 cm, W_{vorh} = 1152 cm³; I_{vorh} = 13824 cm⁴
Deckenbreite b = 6,00 m,   Stützweite l = ?
Werkstoffgüte C 24: $f_{m,k}$ = 2,4 kN/cm², $E_{0,mean}$ = 1100 kN/cm²

Aufbau:	Holzboden	1,0 cm →	0,060 kN/m²
	Estrich	6,0 cm →	1,320 kN/m²
	Trennlage		
	TD-Platte	4,0 cm →	0,026 kN/m²
	Schalung	2,4 cm →	0,144 kN/m²
	Holzbalken	24,0 cm →	0,250 kN/m²
	Untersicht		0,250 kN/m²
ständige Lasten			2,050 kN/m²
Nutzlasten Kat. A: Wohnung			2,000 kN/m²

maximale Stützweite aus Grenzzustand der Tragfähigkeit:
Spannungsnachweis Biegung C 24   Beiwertefaktor k_{mod}/γ_M = 0,61   Balkenabstand e = 70 cm

$$\sigma_{m,d} = \frac{\left(\frac{(2,05\cdot1,35+2,00\cdot1,50)\cdot l^2}{100\cdot8}\right)\cdot0,70}{1152} \leq 2,4 \cdot 0,61 \rightarrow l_{Biegung} \leq 578 \text{ cm}$$

maximale Stützweite aus Grenzzustand der Gebrauchstauglichkeit – Durchbiegungen:
Schadensvermeidung mit $w_{inst} \leq l/300$

$$w_{inst} = \frac{5\cdot(2,05+2,00)\cdot0,70\cdot l^4}{100\cdot384\cdot1100\cdot13824} \leq l/300 \rightarrow l_{w_{inst}} \leq 516 \text{ cm}$$

Erscheinungsbild mit $w_{net,fin} \leq l/250$, k_{def} = 0,60, $\psi_{2,i}$ = 0,30

$$w_{net,fin} = \left(\frac{5\cdot(2,05+2,00\cdot0,30)\cdot0,70\cdot l^4}{100\cdot384\cdot1100\cdot13824}\right) \cdot (1+0,60) \leq l/250 \rightarrow l_{w_{net,fin}} \leq 540 \text{ cm}$$

maximale Stützweite aus Grenzzustand der Gebrauchstauglichkeit – Schwingungsverhalten:
Deckenklasse I: f_{grenz} = 8,0 Hz

$$f_1 = \frac{\pi}{2\cdot l^2} \cdot \sqrt{\frac{2172343}{265}} \cdot \sqrt{1+\left(\frac{l}{6,00}\right)^4 \cdot \frac{552672}{2172343}} \geq 8,0 \rightarrow l_{f_{grenz}=8,0} \leq 428 \text{ cm}$$

Deckenklasse II: f_{grenz} = 6,0 Hz

$$f_1 = \frac{\pi}{2\cdot l^2} \cdot \sqrt{\frac{2172343}{265}} \cdot \sqrt{1+\left(\frac{l}{6,00}\right)^4 \cdot \frac{552672}{2172343}} \geq 6,0 \rightarrow l_{f_{grenz}=6,0} \leq 501 \text{ cm}$$

$$m = (2,05 + 2,00 \cdot 0,30) \cdot 100 = 265 \text{ kg/m}^2$$

$$(E \cdot I)_y = 13824 \cdot 1100 \cdot \frac{1000}{10000}/0,70 = 2172343 \text{ Nm}^2/\text{m}$$

$$(E \cdot I)_{z-Schalung} = \frac{100\cdot2,4^3}{12} \cdot 1100 \cdot \frac{1000}{10000} = 12672 \text{ Nm}^2/\text{m}$$

$$(E \cdot I)_{z-Estrich} = \frac{100\cdot6,0^3}{12} \cdot 3000 \cdot \frac{1000}{10000} = 540000 \text{ Nm}^2/\text{m}$$

$$(E \cdot I)_z = 12672 + 540000 = 552672 \text{ Nm}^2/\text{m}$$

Die **maximale Stützweite der Balkendecke** ergibt sich aus dem Grenzzustand der Gebrauchstauglichkeit des Schwingungsverhaltens und ist bei Forderung der **Deckenklasse I** l_{max} = 428 cm = Minimum(578; 516; 540; 428) und bei der **Deckenklasse II** l_{max} = 501 cm = Minimum(578; 516; 540; 501).

Bild 050|3-01

Bild 050|3-02

Dippelbaumdecke ohne Beschüttung
Tramdecke im Auflagerbereich, Sturzschalung geöffnet

Bild 050|3-01
Bild 050|3-02

Bild 050|3-03

Bild 050|3-04

Tramdecke – Balkenauflager
Tramtraversendecke ohne Stuckaturschalung

Bild 050|3-03
Bild 050|3-04

Bild 050|3-05

Bild 050|3-06

Bild 050|3-07

Tramdecke zwischen Stahlkonstruktion
Tramdecke auf Holzriegelwand gelagert
Tramdecke mit Balkenschuhen auf Binder befestigt

Bild 050|3-05
Bild 050|3-06
Bild 050|3-07

Bild 050|3-08

Bild 050|3-09

Brettsperrholzdecke – Einheben Deckenelement
Brettsperrholzdecke auf Vollholzunterzug

Bild 050|3-08
Bild 050|3-09

Bild 050|3-10

Bild 050|3-11

Bild 050|3-12

Brettsperrholzdecke im Dachgeschoßausbau
Fertigdeckenelemente
Brettstapeldecke – Verlegung

Bild 050|3-10
Bild 050|3-11
Bild 050|3-12

Bild 050|3-13

Bild 050|3-14

Tramdecke mit OSB-Platten
Brettsperrholzdecken und -wände

Bild 050|3-13
Bild 050|3-14

Verbunddecken

Die Idee, einzelne Bauteile so zusammenzuschließen, dass sie miteinander und einander unterstützend tragen, also im Verbund wirken, ist schon sehr alt. Gerade der Holzbau hat eine lange und vielfältige Tradition in der Nutzung von Verbundlösungen. Um größere Abmessungen zu realisieren, wurden zunächst Holz-Holz-Verbund-Querschnitte mit mechanischen Verbindungsmitteln hergestellt (beispielsweise verdübelte Balken). Der moderne Holzbau ist heute ohne geklebte Holz-Verbundwerkstoffe und ohne das Brettschichtholz nicht mehr denkbar. Natürlich lassen sich auch unterschiedliche Materialien zusammenschließen wie beispielsweise bei unterspannten Glaskonstruktionen. Auch der Stahlbetonbau ist im eigentlichen Sinn eine Verbundbauweise, bei der die Stahleinlagen Zugkräfte und der Beton die Druckkräfte übernehmen – also in einer optimierten Anwendung die jeweils wirtschaftlichste Materialauswahl für die optimale Erfüllung des erforderlichen Tragverhaltens getroffen wird. Die Zielsetzungen für die Realisierung von Verbundkonstruktionen sind unterschiedlich:

Ohne geklebte Holz-Verbundwerkstoffe und ohne Brettschichtholz ist der moderne Holzbau nicht mehr denkbar.

- optimale Ausnutzung der spezifischen Baustoffeigenschaften (Druckfestigkeit, Zugfestigkeit, Verbundeigenschaften)
- Erhöhung der Tragfähigkeit und Gebrauchstauglichkeit bestehender Konstruktionen
- Sanierung geschädigter Konstruktionen
- Steuerung des Konstruktionseigengewichtes
- Erleichterung des Bauablaufes
- Verbesserung bauphysikalischer Eigenschaften (z. B. Brandwiderstand)

Als Beispiele für die Vielgestaltigkeit von Verbundkonstruktionen unter Verwendung von Beton ergeben sich:
- Stahl-Beton-Verbundkonstruktionen
- Beton-Beton-Verbundkonstruktionen
- Holz-Beton-Verbundkonstruktionen

Von den im Hochbau verwendeten Bauelementen sind Decken nur ein Bereich, der neben oder in Verbindung mit Verbundträgern und Verbundstützen als Verbundkonstruktion realisiert wird. Deckensysteme aus Beton-Beton-Verbundkonstruktionen werden in Kapitel 050|2 als „Teilmontagedecken" behandelt.

Abbildung 050|4-01: Möglichkeiten von Verbundkonstruktionen mit Beton

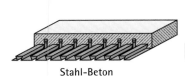 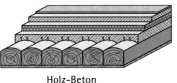 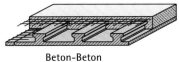

| Stahl-Beton | Holz-Beton | Beton-Beton |

Stahl-Beton-Verbundsysteme

Die traditionelle Verbundkonstruktion besteht aus Stahlprofilen mit Betonergänzung und wird oft als Rahmenkonstruktion, also als Kombination der Tragelemente Stütze und Balken ausgeführt. Weist man aber den Materialien gezielt die Beanspruchungen zu, die diese materialspezifisch am besten und wirtschaftlichsten aufnehmen können, dann sind einfache

Einfeldträger bestehend aus Stahlträger mit darauf liegender Betonplatte die bevorzugte Lösung. Die Bemühung, die Vorteile des Stahlbaues mit denen des Massivbaues zu kombinieren, ergibt dabei folgende Aspekte:

- massive Deckenplatte mit bauphysikalischen Vorteilen
- schnelle, stahlbaumäßige Montage von Stützen und Trägern bzw. von Beton-Fertigteildeckenplatten
- Einsparung von Schalung und Rüstung, besonders bei Einsatz von profilierten Profilblechen im System der Trapezblechverbunddecken

Einfache Einfeldträger, bestehend aus einem Stahlträger mit darauf liegender Betonplatte, sind die bevorzugte Lösung für Stahl-Beton-Verbundsysteme.

Abbildung 050|4-02: Stahl-Beton-Verbundsysteme

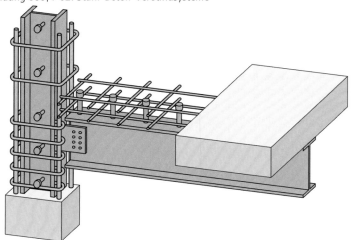

Verbundträger

050|4|1|1

Hinsichtlich ihrer Tragkonzeption wie auch ihrer Geometrie sind diese Verbundträger den Plattenbalken im Betonbau sehr ähnlich. Im Gegensatz zur schlaffen Bewehrung im Massivbau liefert der Stahlträger als „biegesteife Bewehrung" einen wesentlich größeren Beitrag zur gesamten Steifigkeit und Tragfähigkeit. Die Stahlträger sind mit der darauf liegenden Betonplatte durch Verbundmittel verdübelt und beide Querschnittsteile tragen so gemeinsam und in einem unterschiedlichen Ausmaß zur Aufnahme von Schnittgrößen bei. Als Verbundmittel finden hauptsächlich Betonanker, Kopfbolzendübel und vorgespannte hochfeste Schrauben Anwendung. Zur Gewährleistung des Brandschutzes können die Stegbereiche der Stahlträger mit Beton und zusätzlicher Bewehrung verfüllt sein, andernfalls sind Verkleidungen vorzusehen.

Die Stahlträger sind mit der Betonplatte verdübelt, so tragen sie gemeinsam zur Aufnahme von Schnittgrößen bei.

Abbildung 050|4-03: Querschnittsformen von Verbundträgern – ÖNORM EN 1994-1-1 [67]

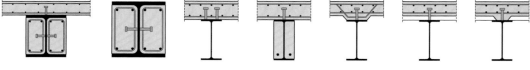

Die wirtschaftlichen Vorteile von Stahlverbundträgern liegen grundsätzlich darin, dass die beiden Tragwerksteile – Betonplatte und Stahlträger – werkstoffgerecht beansprucht werden. Der Beton in der Druckzone, der Stahl in der

Zugzone. Eine Ausnahme bildet nur der Stützenbereich von Durchlaufträgern. Der an der Unterseite der Verbundkonstruktion freiliegende Stahlträger erfüllt im Regelfall nicht die Anforderungen an den Brandschutz und muss durch Zusatzmaßnahmen wie z. B. Verkleidungen oder Anstriche geschützt werden. Aus konstruktiven, wirtschaftlichen oder architektonischen Gründen besteht jedoch häufig der Wunsch, den unteren Trägerflansch sichtbar zu belassen. In diesem Fall kann der erforderliche Brandschutz auch durch Ausbetonieren und Anordnung einer zusätzlichen Brandschutzbewehrung in Abhängigkeit von der Beanspruchung erreicht werden. Je nach Ausnutzungsgrad und geforderter Brandschutzklasse sind in ÖNORM EN 1994-1-2 [68] Mindestabmessungen (Tabelle 050|4-01) und Bewehrungsabstände (Tabelle 050|4-02) angegeben. Der Kammerbeton ist durch Bügel oder Bolzen, die am Stahlprofil angeschweißt sind, zu sichern.

Abbildung 050|4-04: Verbundträger mit brandschutztechnischen Eigenschaften – ÖNORM EN 1994-1-2 [68]

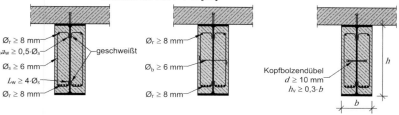

Tabelle 050|4-01: Mindestabmessungen Verbundträger – ÖNORM EN 1994-1-2 [68]

Ausnutzungs-grad	Feuerwiderstandsklasse	Mindestbreite min b [mm]		
		R 30	R 60	R 90
0,3	$h \geq 0,9 \times$ min b	70	100	170
	$h \geq 1,5 \times$ min b	60	100	150
	$h \geq 2,0 \times$ min b	60	100	150
0,5	$h \geq 0,9 \times$ min b	80	170	250
	$h \geq 1,5 \times$ min b	80	150	200
	$h \geq 2,0 \times$ min b	70	120	180
	$h \geq 3,0 \times$ min b	60	100	170
0,7	$h \geq 0,9 \times$ min b	80	270	300
	$h \geq 1,5 \times$ min b	80	240	270
	$h \geq 2,0 \times$ min b	70	190	210
	$h \geq 3,0 \times$ min b	70	170	190

Tabelle 050|4-02: Mindestachsabstände, Mindestbetondeckung für Verbundträger – ÖNORM EN 1994-1-2 [68]

Breite b [mm]	Achsabstände u [mm] bei Feuerwiderstandsklasse					
	R 30		R 60		R 90	
	u_1	u_2	u_1	u_2	u_1	u_2
170	-	-	100	45	120	60
200	-	-	80	40	100	55
250	-	-	60	35	75	50
≥ 300	-	-	40	25	50	45
Betonüberdeckung c [mm]	0		25		30	

Die Tragfähigkeit der Verbundmittel zur Schubkraftübertragung wird bei niedrigen Betonfestigkeiten im Wesentlichen durch den Dübeldurchmesser und die Betonfestigkeit gegeben (Versagen des Betons), bei höheren Betonfestigkeiten durch den Querschnitt des Bolzens und dessen Zugfestigkeit (Versagen des Stahles). Die Dübel übertragen Schub und tragen hauptsächlich an der Dübelbasis, deshalb sind die in Kraftrichtung erforderlichen

Verbunddübel übertragen Schub und tragen hauptsächlich an der Dübelbasis.

Dübelabstände (bei Kopfbolzen >5 × Dübeldurchmesser) klein. Zusätzlich treten jedoch auch Zugkräfte (Abhebekräfte) auf, weshalb die Dübelköpfe aufgestaucht sind oder die Zugverankerungen durch andere Formen gewährleistet sein müssen.

Abbildung 050|4-05: Verbundträger – Arten der Verbundmittel

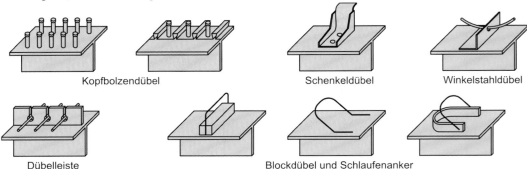

| Kopfbolzendübel | | Schenkeldübel | Winkelstahldübel |

| Dübelleiste | | Blockdübel und Schlaufenanker | |

Trapezblechverbunddecken

Betondecken aus Stahlprofiltafeln mit Aufbeton können sowohl mit als auch ohne Verbundwirkung konzipiert werden. Hierbei wird die Profiltafel entweder als mitwirkende Stahldecke oder nur als verlorene Stahlschalung genutzt. Verbunddecken bestehen aus einem durch Kaltwalzung profilierten, dünnen (Mindeststärke ~0,8 mm), verzinkten Stahlblech, mit dem der Beton nach dem Erhärten in schubfester Verbindung steht. Als Unterzüge kommen, zum System passend, vorrangig Stahlträger zum Einsatz. Sie werden mithilfe von Dübeln mit der Deckenplatte schubfest verbunden und wirken dann als Verbundträger. Um den geforderten Brandschutz zu erreichen, sind die Stahlträger in der Regel mit Kammerbeton zu füllen. Für die Ausführung der Deckenplatte bestehen unterschiedliche Möglichkeiten:

Betondecken aus Stahlprofiltafeln mit Aufbeton können sowohl mit als auch ohne Verbundwirkung konzipiert werden.

- Decken mit tragendem Stahlblech
- Decken mit tragender Betonplatte, das Stahlblech dient nur als verlorene Schalung
- Verbunddecken, das Stahlblech ist zugleich Schalung und Feldbewehrung der Betonplatte

Aufgrund der üblichen Brandschutzanforderungen kommen im Hochbau nur die beiden letztgenannten Ausführungsmöglichkeiten in Betracht, wobei die Verbunddecke aus wirtschaftlichen Überlegungen meist bevorzugt wird. Durch die Mitwirkung des Stahlbleches als Bewehrung kann an Konstruktionshöhe gespart und dadurch eine vor allem im Hochhausbau nicht unbedeutende Gewichtsreduzierung erzielt werden.

Das Stahlblech der Verbunddecken kann zugleich Schalung und Bewehrung der Betonplatte sein.

Abbildung 050|4-06: Verbunddeckenformen im Hochbau

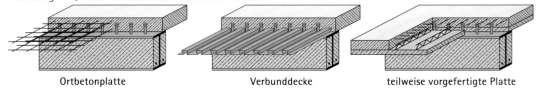

| Ortbetonplatte | Verbunddecke | teilweise vorgefertigte Platte |

Die Übertragung der Längsschubkräfte zwischen Profilblech und dem Beton ist durch mechanischen Verbund (Sicken, Noppen), Reibungsverbund (schwalbenschwanzförmige Profilierung) oder Endverankerungen (Kopfbolzendübel) sicherzustellen, wobei in der Praxis häufig eine Kombination der genannten Maßnahmen gewählt wird.

Abbildung 050|4-07: Verbundwirkung von Verbunddecken – ÖNORM EN 1994-1-1 [67]

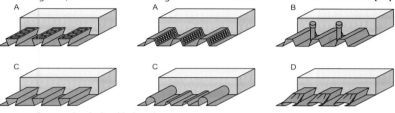

A   mechanischer Verbund
B   Endverankerung mit durchgeschweißten Dübeln
C   Reibungsverbund
D   Endverankerung mit Blechverformungsankern

Die Querschnittsform des Profilbleches ist maßgebend für die zu erreichende Brandschutzklasse. Da die Geschoßdecke nicht nur eine tragende, sondern auch raumabschließende Funktion zu erfüllen hat, wird die erforderliche Deckenstärke von Verbunddecken im Brandfall durch das Wärmedämm-Kriterium nach ÖNORM EN 1994-1-2 [68] bestimmt. Schwalbenschwanzprofile weisen dabei die weitaus bessere Geometrie gegenüber den Trapezprofilen auf, um die Anforderungen nach Eurocode zu erfüllen. Der hinterschnittene Profilberg erwärmt sich infolge der Isolierwirkung der eingeschlossenen Luft wesentlich langsamer und erreicht erst nach 60 bis 80 Minuten die kritische Temperatur, weshalb bei Anordnung einer Brandschutzbewehrung auch für 90 Minuten kein zusätzlicher Schutz erforderlich wird.

Abbildung 050|4-08: Arten Trapezblechprofile für Verbunddecken [86]

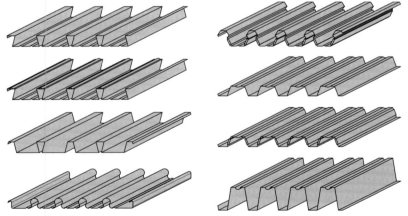

Das Bemessungsmodell von Verbunddecken ist von der vorhandenen Verbundwirkung zwischen Profilblech und Beton abhängig. Verwendet man die bevorzugten hinterschnittenen Profile, dient – in Analogie zur Stahlbetonbauweise – der Einfeldträger mit glattem Bewehrungsstahl und Endhaken als Modell. Durch die Reibung werden nur relativ geringe Verbundkräfte

übertragen. Die Endverankerungen müssen einen großen Teil der Längsschubkräfte aufnehmen. Ist zusätzlich ein mechanischer Verbund durch Sicken
vorgesehen, entspricht dies der Modellvorstellung eines Stahlbeton-
einfeldträgers mit profiliertem Betonstahl. Durch den mechanischen Verbund
ist zu beachten, dass sich der kritische Querschnitt für die Bemessung in
Abhängigkeit von der Größe der Profilverbundspannung nicht mehr in der
Feldmitte befindet. Verbunddecken mit hinterschnittenen Profilen kommen in
der Regel für Spannweiten zwischen 2,4 und 6,0 m zur Ausführung.

Abbildung 050|4-09: Verbunddecke ohne Verbundmittel im Deckenbereich

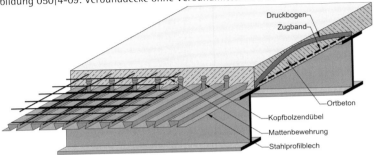

Verbunddecken zeichnen sich durch eine Reihe wirtschaftlicher Vorteile im
Hinblick auf die Bauausführung aus. Die Bleche mit Lieferlängen bis 12 m sind
von Hand aus schnell verlegbar und dienen sofort als Arbeitsbühne und
selbsttragende Schalung für den aufzubringenden Ortbeton. Das Profil wird
zudem als Bewehrung genutzt. Bei größeren Deckenstützweiten sind
Hilfsunterstützungen erforderlich, um das Gewicht des Frischbetons und die
Montagelast abzutragen. Um Hilfsunterstützungen zu vermeiden, werden die
Decken des Öfteren zweilagig betoniert. Im ersten Schritt wird eine
Verbunddecke mit einer reduzierten Bauhöhe hergestellt. Diese Höhe wird so
festgelegt, dass eine minimale Aufbetondicke (mindestens 4 cm) eingehalten
wird. Im zweiten Schritt wird der restliche Beton aufgebracht, wobei bereits
eine Verbunddecke zur Verfügung steht. Auf diese Weise lassen sich größere
Deckenstützweiten ohne dichtere Hilfsunterstützungen herstellen. Als weitere
Vorteile sind vor allem die guten Befestigungsmöglichkeiten von Installations-
leitungen an der Deckenunterseite sowie die gute Nachbehandlung des Betons
durch das unten liegende Blech zu nennen.

Verbunddecken
zeichnen sich durch
eine Reihe wirtschaft-
licher Vorteile im
Hinblick auf die
Bauausführung aus.

Abbildung 050|4-10: Verbunddecken – Befestigung von Installationen

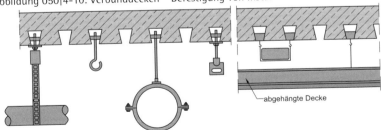

Werden Hochbauträger im Verbund mit ausbetonierten Trapezblechdecken
verwendet, ist die Verbundwirkung der Dübel wegen der unterbrochenen Fuge
Druckplatte/Stahlträger als „weicher" einzuschätzen. Dies gilt auch für kleinere
Aufstelzungen des Betongurtes oder ein Mörtelbett. Durch den größeren
inneren Hebelarm ergibt sich daraus ein etwas kleinerer Stahlträgerquerschnitt.

Abbilldung 050|4-11: Aufbau Stahlblech-Verbunddecke [86]

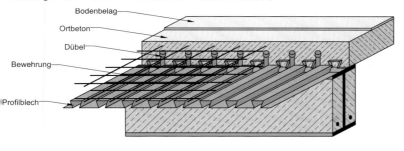

Slim-Floor-Decken

Slim-Floor-Decken sind Deckensysteme, welche die Vorteile von Flachdecken mit denen von Unterzugssystemen vereinen können und dabei eine optimierte Materialausnutzung ermöglichen. Nach ihrer Wirkungsweise sind sie Unterzugsdecken in Verbundkonstruktion mit einer ebenen Untersicht. Durch die vorhandenen Unterzüge lassen sich auch Fertigteildeckensysteme problemlos verwenden. Die Slim-Floor-Decke ist also beispielsweise eine integrierte Deckenkonstruktion aus vorgespannten Hohldielen oder ähnlichen Systemen und deckengleichen Unterzügen aus Stahlprofilen,

Slim-Floor-Decken können die Vorteile von Flachdecken mit denen von Unterzugssystemen vereinen.

Abbildung 050|4-12: Slim-Floor-Deckensysteme

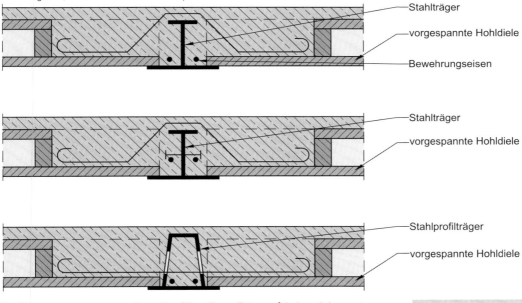

Stahlträger
vorgespannte Hohldiele
Bewehrungseisen

Stahlträger
vorgespannte Hohldiele

Stahlprofilträger
vorgespannte Hohldiele

Als Haupttragsystem werden die Slim-Floor-Träger (Verbundelemente aus Stahlträgern mit meist verbreiterten Unterflanschen und mit Beton verfüllten Trägerkammern) zur Lastabtragung herangezogen. In Querrichtung kommen vorgefertigte Deckenelemente (Element-, Profilblech- oder Hohldielendecke) oder Ortbeton in herkömmlicher Schalung zur Ausführung. Die vorgefertigten Deckenelemente können sofort als Arbeitsbühne dienen. Bei einem rechteckigen Raster werden die Slim-Floor-Träger über die kürzere und die

Deckenelemente über die größere Spannweite verlegt. Um einen ausreichenden Brandwiderstand REI 90 für die Unterzüge zu erreichen, müssen die Träger oben mit bewehrtem Beton abgedeckt sein. Für einen in Skandinavien entwickelten Slim-Floor-Träger konnte beispielsweise mittels Brandversuchen nachgewiesen werden, dass die Verbundträger im Zusammenwirken mit den Fertigteilen auch ohne zusätzliche Verkleidungen die Anforderungen der Feuerwiderstandsklasse REI 90 erfüllen.

Tabelle 050|4-03: Slim-Floor-Decken mit Ortbetonplatten – konstruktive Anforderungen

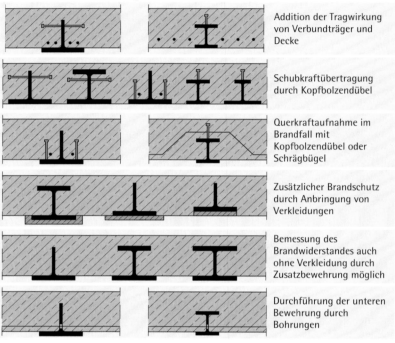

Addition der Tragwirkung von Verbundträger und Decke

Schubkraftübertragung durch Kopfbolzendübel

Querkraftaufnahme im Brandfall mit Kopfbolzendübel oder Schrägbügel

Zusätzlicher Brandschutz durch Anbringung von Verkleidungen

Bemessung des Brandwiderstandes auch ohne Verkleidung durch Zusatzbewehrung möglich

Durchführung der unteren Bewehrung durch Bohrungen

Die Horizontalkräfte aus Wind sind über Scheibenwirkung in die aussteifenden Bauteile zu leiten. Bei Hohldielen ist das Schubtragverhalten der Dielen im Auflagerbereich mittels konstruktiver Maßnahmen zu verbessern. Durch Aufschneiden der Plattenspiegel, Einlegen einer oberen Bewehrung und Ortbetonverguss kann dabei zusätzlich auch eine gewisse durchlaufende Plattenwirkung erreicht werden, wobei diese aber wegen der nicht eindeutig gesicherten Wirksamkeit auch nicht voll in Rechnung gestellt werden sollte. Eine andere Alternative zur Erzielung der Scheibenwirkung bei Hohldielen ist in der Regel ein Aufbeton. In diesem lässt sich dann sehr einfach die zum Anschluss an die Aussteifungselemente notwendige Bewehrung unterbringen.

Das Schubtragverhalten von Hohldielen ist im Auflagerbereich mittels konstruktiver Maßnahmen zu verbessern.

Auflagerung von Hohldielen auf Slim-Floor-Träger

Durch die Auflagerung in der Zugzone der Stahlträger können im Auflagerbereich der Betonplatten Querzugspannungen entstehen, man spricht von einer biegeweichen Lagerung. In Deutschland wird beispielsweise für Hohlplattenauflager eine biegesteife Lagerung (auf Wänden oder am Druckgurt steifer Stahlträger) gefordert. Da die Hohlplatten in der Regel keine Querbewehrung besitzen, ist die aufnehmbare Querzugkraft nur beschränkt, daher wird die vorhandene Betonzugfestigkeit gleichzeitig auch für die Spannkrafteinleitung und die Querverteilung von Lasten in Ansatz gebracht. Zusätzlich erfahren die Hohlplatten aus der Durchbiegung des Unterzugs noch eine Querzugbeanspruchung, sodass sich bei biegeweicher Lagerung die Tragfähigkeit der Hohldielen um bis zu 50 % reduziert. Da gerade ein rissfreier Spannkrafteinleitungsbereich von entscheidender Bedeutung für die Tragfähigkeit der Hohldiele ist, muss dieser Problempunkt gesondert nachgewiesen und durch Versuche abgesichert werden. Jedenfalls ist im Falle der biegeweichen Lagerung von Spannbeton-hohldielen für Deutschland eine Zustimmung im Einzelfall erforderlich.

Abbildung 050|4-13: Slim-Floor-Decken mit Hohldielen

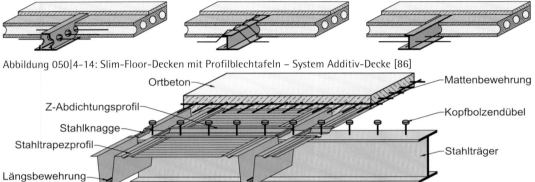

Abbildung 050|4-14: Slim-Floor-Decken mit Profilblechtafeln – System Additiv-Decke [86]

Die Additiv-Decke ist streng genommen keine Slim-Floor-Decke, da die Ähnlichkeit mit einer Flachdecke nicht gegeben ist. Dennoch ist die Wirkungsweise vergleichbar. Die für die Firma Thyssen-Krupp zugelassene Hoesch Decke besteht aus Trapezprofiltafeln mit einer Mindestblechdicke von 1,0 mm und einer bauseitig hergestellten Stahlbetonrippendecke. Die Trapezbleche werden hängend – mittels Stahlknaggen – zwischen die oberen Stahlflansche von Stahlquerträgern eingehängt und dienen im Bauzustand als selbsttragende Schalung. Im Endzustand tragen die bewehrte und betonierte Rippendecke und die Trapezblechschale miteinander, aber nicht im Verbund, sondern nur „additiv" – woraus sich auch der Name ableitet. Die Platte selbst bildet wiederum den Betongurt des als Auflager der Deckenfelder dienenden Stahlquerträgers, welcher diesmal aber mittels Verbundmittel angeschlossen ist und die Verbundtragwirkung ausnutzt. Die Querträger dürfen laut Deutscher allgemeiner bauaufsichtlicher Zulassung nicht weiter als 6,0 m voneinander entfernt liegen, die Rippendecken sind Einfeldträgersysteme mit schlaffer Bewehrung aus zumindest einem durchlaufenden Stab $d = 8$ mm, die Dicke des Betonspiegels (Gurt) muss zumindest 8 cm betragen.

Bei der Additiv-Decke tragen die bewehrte und betonierte Rippendecke und die Trapezblechschale miteinander, aber nicht im Verbund.

Holz-Beton-Verbundsysteme

050|4|2

In Zeiten knapper Ressourcen war schon immer Kreativität gefragt. So verwundert es nicht, dass die Idee, Holzdecken mit darüber betonierten Betonplatten zu verbinden und so ihre Tragfähigkeit zu verstärken, in den 20er- und 30er-Jahren des vergangenen Jahrhunderts entwickelt und während des Zweiten Weltkrieges patentiert wurde. Die grundsätzliche Tragweise war bereits aus dem Stahl-Beton-Verbund bekannt, die Zusammenwirken der Trag-elemente Holz und Beton durch „weiche" Verbundmittel jedoch Neuland. Den Durchbruch der Holz-Beton-Verbundbauweise bewirkte dieses Patent jedoch nicht, in den folgenden Jahren geriet die Holz-Beton-Verbundbauweise für Neubauten weitgehend in Vergessenheit. Erst in den 80er Jahren griff man die Idee erneut auf. Man erkannte, dass der erfolgreiche Einsatz von Holz-Beton-Verbundkonstruktionen in der Praxis im Wesentlichen von der Effektivität des verwendeten Verbindungsmittels zwischen Holz und Beton abhängig ist. Durch einfache Schraubsysteme erleichterte man die praktische Umsetzung des Systems.

Der erfolgreiche Einsatz einer Holz-Beton-Verbundkonstruktion ist wesentlich von der Effektivität des Verbindungsmittels zwischen Holz und Beton abhängig.

Heute liegt ein Schwerpunkt der Anwendung in der Revitalisierung von Bauten, da der Erhalt von bestehender Bausubstanz einen hohen Stellenwert in der modernen Stadtplanung besitzt. Die Tragkonstruktionen und im Speziellen die Holzbalkendecken vieler Gebäude, die Ende des 19. bis Anfang des 20. Jahrhunderts gebaut wurden, erfüllen oft nicht mehr die Ansprüche im Hinblick auf die Gebrauchstauglichkeit, was in erster Linie die heutigen bauphysikalischen Anforderungen an den Schall- und Brandschutz betrifft. Auch die mangelnde Steifigkeit und die deswegen erhöhten Durchbiegung und Schwinganfälligkeit bilden ein Problem. Voraussetzungen für die Anwendung eines Holz-Beton-Verbundes bei bestehenden Holzdecken sind jedoch keine oder nur begrenzte Schäden an der Struktur der Bestandsdecke.

Bestehende Holzbalkendecken erfüllen oft nicht mehr die heutigen bauphysikalischen Anforderungen an den Schall- und Brandschutz.

Die generellen Vorteile der Holz-Beton-Verbundbauweise sowohl im Neubau wie auch im Altbau sind (siehe Sonderband: Holz im Hochbau [10]):

- Der Beton liegt in der Biegedruckzone und das Holz in der Biegezugzone, damit können die dominierenden Festigkeitseigenschaften beider Stoffe gut genutzt werden.

- einfache Möglichkeit der Erhöhung der Tragfähigkeit bei bestehenden Konstruktionen, wenn im Zuge der Umnutzung höhere Lasten zu berücksichtigen sind

- hohe Biegesteifigkeit der Gesamtkonstruktion

- Tragwirkung als Scheibe für die Ableitung von horizontalen Kräften zur Bauwerksaussteifung

- geringere Schwingungsanfälligkeit als bei normalen Holzdecken

- Verbesserung des Schallschutzes durch die Erhöhung der Deckenmasse

- Verbesserung des Brandschutzes, insbesondere für die Einwirkung von oben, aber auch bezogen auf die Gesamtkonstruktion

- ideale Querverteilung der Lasten durch die aufbetonierte Betonplatte

Für einen baubetrieblich sinnvollen Einsatz und die wirtschaftliche Abwicklung sind jedoch vor allem die verschiedenen Herstellungsmöglichkeiten von Holzbetonverbunddecken von Interesse. Je nach dem Grad der Vorfertigung können vier Methoden, vom gänzlich als Fertigteil hergestellten Produkt bis zur kompletten Herstellung auf der Baustelle, unterschieden werden.

Je nach dem Grad der Vorfertigung können vier Herstellungsmöglichkeiten von Holzbetonverbunddecken unterschieden werden.

Abbildung 050|4-15: Holzbetonverbunddecken nach der Art der Herstellungsmethode [10]

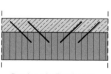
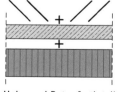

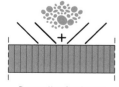

| Decke als Fertigteil | Holz- und Betonfertigteil bauseits verbinden | Verbindungsmittel im Werk bauseits betonieren | Baustellenfertigung |

Tabelle 050|4-04: Aufbauten von Holz-Beton-Verbunddecken

Dippelbaumdecke mit Aufbeton im Verbund

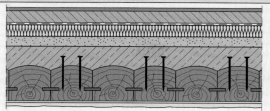

Belag
Estrich
Trennlage
Trittschalldämmung
gebundene Schüttung
Aufbeton – Verbundbeton
ev. Trennfolie
Dippelbaum, verdübelt
Putzträger (Schilfrohre)
Putz

Tramdecke mit Verbundbetonplatte

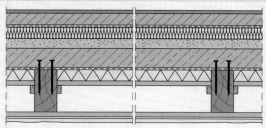

Belag
Estrich
Trennlage
Trittschalldämmung
gebundene Schüttung
Verbundbetonplatte
Trennfolie
Sturzschalung versenkt mit Wärmedämmung
Tram mit Tragleiste
Stuckaturschalung
Putzträger (z. B. Schilfrohr)
Deckenputz

Brettstapeldecke mit Verbundbetonplatte

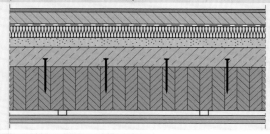

Belag
Estrich
Trennlage
Trittschalldämmung
gebundene Schüttung
Verbundbetonplatte
Brettstapelplatte
Gipskartonplatten auf Federschienen

Brettsperrholzdecke mit Verbundbetonplatte

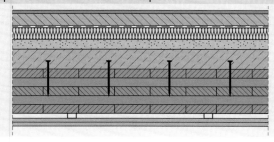

Belag
Estrich
Trennlage
Trittschalldämmung
gebundene Schüttung
Verbundbetonplatte
Brettsperrholzplatte
Gipskartonplatten auf Federschienen

Die in der Fuge zwischen den Holzbauteilen und der aufbetonierten Betonplatte auftretenden Scherkräfte werden durch Verbindungsmittel übertragen. Es existiert eine vielfältige Palette an Verbundsystemen, die als punkt- oder linienförmige mechanische Verbindungen wirken.

- Nägel
- Schrauben, Nagelplatten
- Dübel besonderer Bauart
- Speziallösungen (eingeklebte Bewehrungsstäbe oder Gewindestangen, Schubanker, Lochbleche, Kerven etc.)

Die auftretenden Scherkräfte zwischen den Holzbauteilen und der Betonplatte werden durch Verbindungsmittel übertragen.

Abbildung 050|4-16: Verbindungsmittel – Holz-Beton-Verbundsysteme

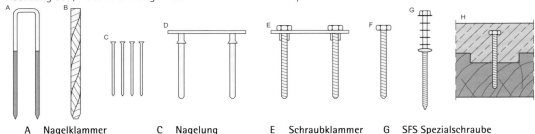

A	Nagelklammer	C	Nagelung	E	Schraubklammer	G	SFS Spezialschraube
B	Rippentorstahl	D	Klammer	F	Holzschraube	H	Kerve

Kerven als Verbindungsmittel stellen im modernen Holzbau bei Decken aus Brettsperrholzplatten oder Brettstapelplatten eine kostengünstige Möglichkeit dar. Durch die rund 2 cm tief ausgefrästen Nuten mit zusätzlichen Schrauben zur Aufnahme der Umlenkkräfte erfolgt vergleichbar wie bei einem „verdübelten Balken" die Schubkraftübertragung.

Die Dübel oder Anker müssen die Kräfte in die dünne Betonplatte einleiten, diese wird in der Regel bewehrt. Zum einen, um eventuelle Anforderungen an eine Mindestbewehrung zu gewährleisten, und zum anderen um Spaltzugkräfte an den Verbindungsmitteln sowie die Beanspruchungen infolge des Schwindens des Betons aufzunehmen. Zumeist ist die Betonplatte aber nur 6 bis 10 cm stark, somit ist eine konstruktiv korrekte Lage schwer anzugeben. Zumeist wird die Gittermatte in der unteren Plattenhälfte verlegt. Durch die Bewehrung ergeben sich aber Nachteile im Bauablauf wie auch eine größere Dicke der Betonplatte, die statisch nicht immer erforderlich ist. Diese Nachteile versucht man durch die Verwendung von Stahlfaserbeton zu kompensieren.

Stahlfaserbeton

Unter Stahlfaserbeton wird ein Beton verstanden, welchem zur Verbesserung bestimmter Eigenschaften Stahlfasern zugegeben werden. Die Zugfestigkeit von unbewehrtem Beton erreicht in Abhängigkeit von der Betonzusammensetzung, der Druckfestigkeit und den Lagerungsbedingungen Werte zwischen 3 und 6 N/mm². Nach dem Überschreiten der Zugfestigkeit versagt Beton nahezu schlagartig. Durch Einsatz von Fasern kann dieses spröde Versagen vermieden und damit das Nachbruchverhalten günstig beeinflusst werden. Die bei Rissbildung freiwerdenden Kräfte können durch die Fasern über die Rissufer hinweg teilweise oder vollständig übertragen werden. Dadurch wird insbesondere das Zugtragverhalten verbessert und die Duktilität erheblich gesteigert. Von der Österreichischen Bautechnik Vereinigung (vormals Österreichische Vereinigung für Beton und Bautechnik) wurde 2008 eine dem aktuellen Stand der Technik entsprechende Richtlinie „Faserbeton" [21] herausgegeben, die eine sachgerechte Herstellung sowie die Bemessung und Ausführung regelt.

Um sprödes Versagen zu vermeiden und das Nachbruchverhalten günstig zu beeinflussen, können dem Beton Stahlfasern zugegeben werden.

Bei Verwendung der Verbunddecke zur Bauwerksaussteifung ist für die Aufnahme der Zugkräfte aus der Scheibenwirkung auf jeden Fall eine Bewehrung zu verlegen. Dies fordert auch die Richtlinie „Holz-Beton-Verbunddecke" [20] speziell für den Lastfall Erdbeben, wo die lastverteilende Betonscheibe mit zusätzlicher Plattenbeanspruchung, d. h. der Aufbeton, mit einer Mindestdicke von 7 cm und einer umlaufenden Mindestrostbewehrung von 2 ⌀ 12 mm auszuführen ist.

Bei Verwendung der Verbunddecke zur Bauwerksaussteifung ist auf jeden Fall eine Bewehrung zu verlegen.

Als nachteilig bei Holzverbunddecken kann die oft problematische Tragsituation in sensiblen Bereichen wie Kaminwechsel sowie die geringe Tragfähigkeit bei punktförmigen Lasten angesehen werden. Zur schalltechnischen Trennung wird auf die Holzbalkenoberflächen auch eine elastische Dämm-Matte (beispielsweise „Ethafoam") aufgelegt. Dies ist bei der Bemessung zu berücksichtigen, da durch die entstehende Distanzierung die Weichheit der Verbindung zunimmt.

Beispiel 050|4-01: Wärme-, Schallschutz von Holztramdecken mit Aufbeton

Dicke [cm] A	Dicke [cm] B	Schichtbezeichnung	ρ [kg/m³]	λ [W/(mK)]
2,0	2,0	Belag	-	-
6,0	6,0	Estrich	2000	1,500
-	-	Trennlage	-	-
d	d	Trittschalldämmung	20	0,040
5,0		Schüttung gebunden EPS-Beton	500	0,150
t	t	Aufbeton	2000	1,500
	-	Trennlage	-	-
	2,0	elastische Zwischenlage	-	-
2,4	2,4	Sturzschalung	680	0,130
24,0	24,0	Holzbalken 10/24 im Abstand e, dazwischen	400	0,110
10,0	10,0	Wärmedämmung	20	0,040
2,4	2,4	Untersichtschalung	400	0,110
2,7	2,7	Federschienen	-	-
2,5	2,5	Gipskartonplatten	900	0,210

Variante	d [cm]	Wärmeschutz U-Wert [W/(m²K)] bei Aufbeton t [cm] e = 40 6,0		e = 80 6,0		Schallschutz $L_{n,w}$ [dB] bei Aufbeton t [cm] e = 40 6,0		e = 80 6,0		R_w [dB] bei Aufbeton t [cm] e = 40 6,0		e = 80 6,0	
		6,0	8,0	6,0	8,0	6,0	8,0	6,0	8,0	6,0	8,0	6,0	8,0
A	-	0,26	0,26	0,26	0,26	-	-	-	-	-	-	-	-
	1,5	0,24	0,24	0,24	0,24	48	48	45	45	65	65	66	66
	3,0	0,22	0,22	0,22	0,22	44	44	41	41	69	69	70	70
B	-	0,29	0,29	0,29	0,29	-	-	-	-	-	-	-	-
	1,5	0,26	0,26	0,26	0,26	48	48	45	45	65	65	66	66

Anmerkung: Die Schallschutzwerte sind nur als Richtwerte zu sehen.

Beispiel 050|4-02: Wärme-, Schallschutz von Massivholzdecken mit Aufbeton

Dicke [cm]	Schichtbezeichnung	ρ [kg/m³]	λ [W/(mK)]
2,0	Belag	-	-
6,0	Estrich	2000	1,500
-	Trennlage	-	-
d	Trittschalldämmung	20	0,040
5,0	Schüttung gebunden EPS-Beton	500	0,150
t	Aufbeton	2000	1,500
m	Massivholzdecke	400	0,110
2,7	Federschienen	-	-
2,5	Gipskartonplatten	900	0,210

d [cm]	Wärmeschutz U-Wert [W/(m²K)] bei t und m [cm] m = 16		m = 18		Schallschutz $L_{n,w}$ [dB] bei t und m [cm] m = 16		m = 18		R_w [dB] bei t und m [cm] m = 16		m = 18	
	t = 6,0	t = 8,0	t = 6,0	t = 8,0	t = 6,0	t = 8,0	t = 6,0	t = 8,0	t = 6,0	t = 8,0	t = 6,0	t = 8,0
-	0,38	0,38	0,36	0,35	-				-			
1,5	0,33	0,33	0,31	0,31	<48				>60			
3,0	0,30	0,29	0,28	0,28	<48				>60			

Anmerkung: Die Schallschutzwerte sind nur als Richtwerte zu sehen.

Dimensionierung von Verbunddecken

050|4|3

Im Verbundbau tragen zwei zumeist unterschiedliche Materialien anteilsmäßig. Bei den typischen Verbundkonstruktionen werden jedoch Materialien mit optimierten Eigenschaften gemeinsam genutzt. Da Beton kostengünstig große

Druckspannungen aufnehmen kann, wird dieser Baustoff in der Regel für die Druckzone von Biegesystemen verwendet. Da aber Beton kein absolut starrer Werkstoff ist, verändern sich seine Verformungen und damit auch die Aufteilung der Kräfte zwischen den Tragelementen. Bei den Schnittgrößen wird somit zwischen Verteilungsschnittgrößen und Umlagerungsschnittgrößen unterschieden, wobei der zweite Einfluss komplexer zu berechnen ist. Das Zusammenwirken von Druckgurt (Betonplatte) und Zugelement (Stahlträger oder Holzbalken) muss durch Verbundmittel sichergestellt werden. Dabei wird zwischen einer vollständigen Verdübelung (vollständiger Verbund – starr) und einer teilweisen Verdübelung (Teilverbund – nachgiebig) unterschieden.

Bei Verbundkonstruktionen werden Materialien mit optimierten Eigenschaften gemeinsam genutzt.

Abbildung 050|4-17: Wirkungsweise Verbund

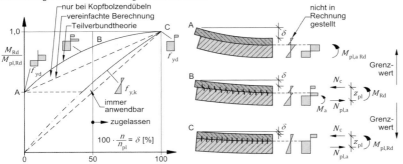

A   fehlender Verbund (nur aufliegende Platte)
B   nachgiebiger Verbund (duktile Verbindungsmittel)
C   starrer Verbund

Die Ausnutzung des Verbundquerschnittes (bei vernachlässigter Biegetragfähigkeit der Betonplatte) ist gekennzeichnet durch das plastische Moment bzw. die aus diesem resultierende maximale Betondruckspannung in Abhängigkeit von der vorhandenen Dübelwirkung. Der Verdübelungsgrad δ (0 bis 100 %) definiert das Verhältnis der vorhandenen Dübel n zur Anzahl der für die volle Materialausnutzung erforderlichen Dübel n_{pl}. Bei $\delta = 0$ ist überhaupt keine Verbundwirkung vorhanden, d. h. der Stahlträger allein muss die auftretenden Lasten übernehmen und erreicht in Punkt A seine plastische Grenztragfähigkeit. Mit zunehmendem Verdübelungsgrad, d. h. auch zunehmender Steifigkeit der Verbundmittel, lässt sich eine Mitwirkung der Betonplatte erreichen, bis sie bei starrem Verbund das Maximum, das plastische Moment des Gesamtquerschnittes, erreicht.

Stahl-Beton-Verbundsysteme

050|4|3|1

Die Abschätzung der Tragfähigkeit ist bei Verbundträgern nicht so einfach möglich wie bei den Verbundstützen. Entscheidend für die Annahme des Grundsystems ist, ob sich die Nulllinie in der Betonplatte oder im Stahlträger befindet. Der Fall, dass sich die Nulllinie im Betongurt befindet, sollte wenn möglich angestrebt werden, da dann der Stahlträger vollständig in der Zugzone zu liegen kommt und für die Bemessung maßgebend wird. Bei Überlastung würde sich der Bruch lange vorher durch deutliche plastische Verformungen ankündigen. Aus der Gleichgewichtsbedingung $N_{c,f} = N_{pl,a}$ kann die Größe von z_{pl} und damit das plastische Moment ermittelt werden. Das zulässige Moment ergibt sich dann durch Berücksichtigung der erforderlichen Sicherheiten.

Die Abschätzung der Tragfähigkeit ist bei Verbundträgern schwieriger als bei Verbundstützen.

Zur Abschätzung der erforderlichen Dübelanzahl kann vereinfachend für Kopfbolzendübel $\varnothing\sim$20 mm, $h\sim$100 mm und für Betonplatten C30/37 eine Dübelkraft von 100 kN angesetzt werden. Durch die maximalen Längskräfte im Betongurt $N_{c,f}$ ergibt sich eine erforderliche Dübelanzahl n von $N_{c,f}$ /100 je Trägerhälfte, die dem Verlauf der Querkraft entsprechend aufgeteilt werden muss.

$$N_{pl,a} = A_a \cdot f_{yd} \qquad N_{c,f} = b_{eff} \cdot z_{pl} \cdot 0,85 \cdot f_{cd} \qquad z_{pl} = \frac{N_{pl,a}}{b_{eff} \cdot 0,85 \cdot f_{cd}}$$

$$M_{pl,Rd} = N_{pl,a} \cdot z_a \qquad\qquad\qquad z_a = \frac{h_a}{2} + d - \frac{z_{pl}}{2}$$

(050|4-01)

A_a	Querschnittsfläche des Stahlträgers	mm^2
f_{yd}	Bemessungswert der Streckgrenze von Stahl	N/mm^2
f_{cd}	Bemessungswert der Betondruckfestigkeit	N/mm^2
b_{eff}	mitwirkende Plattenbreite	mm

←
Vordimensionierung
Stahl-Beton-
Verbundträger

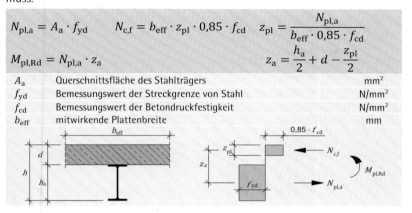

Tabelle 050|4-05: Materialkennwerte für Stahl-Beton-Verbundträger

	Beton			Baustahl	
	C 20/25	C 30/37	C 40/50	S 235	S 355
Teilsicherheitsbeiwert γ_M [-]	1,50	1,50	1,50	1,10	1,10
charakteristische Festigkeit f_k [N/mm²]	18,8	27,8	37,5	235	355
Bemessungsfestigkeit f_d [N/mm²]	12,5	18,5	25,0	214	323
Elastizitätsmodul E [N/mm²]	29000	32000	35000	210000	210000

Zur Abschätzung der Erhöhung der Traglast wird in Abbildung 050|4-18 für unterschiedliche Stahlprofile die Wirksamkeit einer Konstruktion mit einer im Verbund stehenden Betonplatte in Form der Erhöhung der elastischen Momententragfähigkeit M_{Rd} des Stahlträgers angegeben. Die mitwirkende Plattenbreite wurde dabei vereinfachend mit immer 1,0 m und die Betongüte mit C 30/37 angenommen und ein starrer Verbund unterstellt. Die Stahlprofile auf der x-Achse werden durch den Wert W/h_a, dies entspricht dem Widerstandsmoment dividiert durch Trägerhöhe, charakterisiert. Beispielsweise ergibt sich für einen Stahlträger IPE 240 der Wert W_y/h_a = 324 cm³/24 cm = 13,5 oder für einen HEB 240 der Wert W_y/h_a = 938 cm³/24 cm = 39,1.

Abbildung 050|4-18: Traglasterhöhung von Stahlprofilen bei starrem Verbund

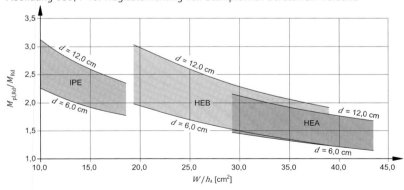

Holz–Beton–Verbundsysteme

Zu einer ersten Abschätzung kann eine vereinfachte Biegebemessung in Analogie zum Stahl-Betonverbund herangezogen werden, bei der man die Nulllinie des Verbundquerschnittes willkürlich an die Unterkante der Betonplatte legt und somit eine reine Zugbeanspruchung des Holzbalkens ansetzt. Mit der maximalen Holz-Zugspannung an der Balkenunterkante lässt sich die maximal mögliche Zugkraft im Drittelpunkt der Balkenhöhe errechnen. Diese muss im Gleichgewicht mit der Druckkraft in der Betonplatte stehen, woraus man die erforderliche Druckfläche (bei maximaler Betonausnutzung und rechteckig angenommener Spannungsverteilung) und dem Hebelarm der inneren Kräfte ermittelt. Somit ist das maximal mögliche Moment definiert.

$$N_{t,d} = \frac{A_H \cdot f_{t,d}}{2} \qquad N_{c,f} = b_{eff} \cdot z_{pl} \cdot 0{,}85 \cdot f_{cd} \qquad z_{pl} = \frac{N_{t,d}}{0{,}85 \cdot f_{cd} \cdot b_{eff}}$$

(050|4-02)

$$M_{pl,Rd} = N_{t,d} \cdot z_H \qquad\qquad z_H = \frac{2 \cdot h_H}{3} + d - \frac{z_{pl}}{2}$$

A_H	Querschnittsfläche des Holzes	mm²
$f_{t,d}$	Bemessungswert der Zugfestigkeit	N/mm²
f_{cd}	Bemessungswert der Betondruckfestigkeit	N/mm²
b_{eff}	mitwirkende Plattenbreite, maximal der Abstand zwischen den Holzträgern	mm

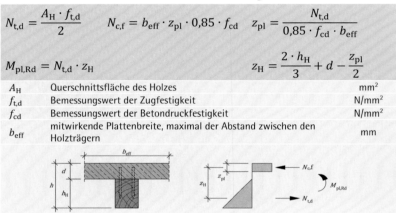

←
Vordimensionierung
Holz-Beton-
Verbundträger

Tabelle 050|4-06: Materialkennwerte für Holz-Beton-Verbundträger

	Beton			Vollholz	
	C 20/25	C 30/37	C 40/50	S10 / C24	S13 / C30
Teilsicherheitsbeiwert γ_M [–]	1,50	1,50	1,50	1,30	1,30
charakteristische Festigkeit f_k [N/mm²]	18,8	27,8	37,5	14,0	18,0
Bemessungsfestigkeit f_d [N/mm²]	12,5	18,5	25,0	8,6	11,1
Elastizitätsmodul E [N/mm²]	29000	32000	35000	10000	10500

$f_{t,d}$ bei Modifikationsbeiwert $k_{mod} = 0{,}80$ für Vollholz, Nutzungsklasse 1, Lasteinwirkungsdauer mittel

Für eine erste Abschätzung kann mit dem Modell des starren Verbundes gearbeitet werden, wobei die in Abbildung 050|4-19 ausgewiesene Tragfähigkeitserhöhung nicht voll, sondern nur mit 75 % angenommen wird. Der Bemessungswert der Holzzugfestigkeit $f_{t,d}$ errechnet sich aus der charakteristischen Festigkeit für Zug in Faserrichtung $f_{t,0,k}$ abgemindert mit dem Modifikationsbeiwert und dem Teilsicherheitsbeiwert für das Material.

Die Tragfähigkeitserhöhung eines Holzbalkens, im Achsabstand von 80 cm zum benachbarten Balken, wird dann auf die elastische Momententragfähigkeit M_{Rd} des Holzträgers bezogen. Als Betongüte wurde C25/30 angesetzt, wobei die Betongüte für die Tragfähigkeitssteigerung von untergeordneter Bedeutung ist. Die Holzprofile auf der x-Achse werden durch den Wert W/h_H, dies entspricht dem Widerstandsmoment dividiert durch Trägerhöhe, charakterisiert bzw. gereiht. Vorsicht geboten ist bei der Anwendung der Angaben für die Verstärkung von alten Bestandsdecken. Die Holzzugfestigkeit ist von wesentlicher Bedeutung und kann nicht ohne Überprüfung einfach nach Normwerten übernommen werden.

Abbildung 050|4-19: Tragfähigkeitserhöhung von Holzbalken bei starrem Verbund

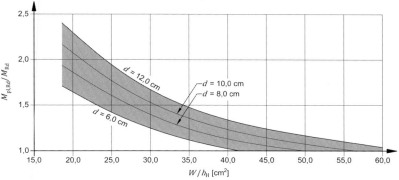

Kann man beim Stahl-Beton-Verbund jedoch einen starren Verbund durch entsprechende konstruktive Maßnahmen erreichen, bei dem das plastische Moment des Verbundträgers entscheidend ist, muss man beim Holz-Beton-Verbund immer die „weiche" Verdübelung berücksichtigen. Die erreichbare Tragfähigkeit ist somit vom Dübelsystem bzw. der Dübelanzahl abhängig. Auch die tatsächliche Lage der Nulllinie entspricht in der Regel nicht der vereinfachten Annahme, und die ideellen Querschnittswerte müssen berücksichtigt werden. Ein „modifiziertes Verteilungsschnittgrößen-Berechnungsverfahren" wird angewendet, dessen Ergebnisse dann zur Umlagerung der Schnittkräfte zur Berücksichtigung der Verschiebung der Verbundschichten herangezogen werden.

Beim Holz-Beton-Verbund ist die erreichbare Tragfähigkeit vom Dübelsystem bzw. der Dübelanzahl abhängig.

Die Grundlage für eine genauere Berechnung der Teilschnittgrößen im Beton und im Holz stellt das Gamma-Verfahren nach Heimeshoff dar [20] (siehe auch Sonderband: Holz im Hochbau [10]). Im Rahmen der statischen Modellbildung werden Holz-Beton-Verbunddecken als speziell wirksames System, bestehend aus zwei miteinander über Verbundschrauben gekoppelte Biegeelementen (Beton und Holz, gemäß der herkömmlichen Balkentheorie), angesehen. Aufgrund der Nachgiebigkeit der Verbundfuge sind Relativverschiebungen zwischen Holz und Beton zu erwarten. Aus diesem Grund kann das System nicht mehr als Vollbalken betrachtet werden. Es liegt vielmehr ein zweiteiliges Tragwerk mit Teilschnittgrößen in den Verbundpartnern Holz bzw. Beton und einer Schubbeanspruchung in der Kontaktfuge – wodurch die Schrauben vor allem auf Herausziehen beansprucht werden – vor.

Abbildung 050|4-20: Spannungen und Kräfte im Verbundsystem Holz-Beton

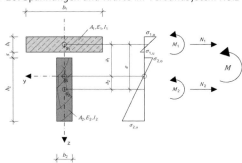

Die Auswirkung der Nachgiebigkeit der Verbundfuge auf die Teilschnittgrößen wird über ein charakteristisches Gesamt-Trägheitsmoment I_{eff} für den Verbunddeckenquerschnitt zum Ausdruck gebracht und die Teilschnittgrößen N_i und M_i aus dieser Kenngröße formuliert. Bei Tramdecken kann eine Schalung zwischen Holzbalken und Aufbeton durch die Dicke s als zusätzlicher Abstand berücksichtigt werden.

$$I_{eff} = \frac{E_1}{E_v} \cdot I_1 + \frac{E_2}{E_v} \cdot I_2 + \gamma \cdot \frac{E_1}{E_v} \cdot A_1 \cdot a_1{}^2 + \frac{E_2}{E_v} \cdot A_2 \cdot a_2{}^2$$

(050|4-03)

I_{eff}	effektives Trägheitsmoment	mm⁴
E_1	Elastizitätsmodul Beton	N/mm²
E_2	Elastizitätsmodul Holz	N/mm²
E_v	beliebiger Vergleichselastizitätsmodul	N/mm²

$$A_1 = b_1 \cdot h_1 \qquad\qquad A_2 = b_2 \cdot h_2$$

$$W_1 = \frac{b_1 \cdot h_1{}^2}{6} \qquad\qquad W_2 = \frac{b_2 \cdot h_2{}^2}{6}$$

$$I_1 = \frac{b_1 \cdot h_1{}^3}{12} \qquad\qquad I_2 = \frac{b_2 \cdot h_2{}^3}{12}$$

$$a_1 = \frac{1}{2} \cdot (h_1 + h_2 + 2 \cdot s) - a_2 \qquad a_2 = \frac{1}{2} \cdot \frac{\gamma \cdot E_1 \cdot A_1 \cdot (h_1 + h_2 + 2 \cdot s)}{(\gamma \cdot E_1 \cdot A_1 + E_2 \cdot A_2)}$$

$$f = \frac{\pi^2 \cdot E_1 \cdot A_1 \cdot e'}{l^2 \cdot K} \qquad\qquad \gamma = \frac{1}{1 + f}$$

(050|4-04)

b_1, b_2	Bauteilbreiten	mm
h_1, h_2	Bauteilhöhen	mm
s	Abstand (Schalungsschicht) zwischen Holz und Beton	mm
a_1, a_2	Schwerpunktabstände vom Gesamtschwerpunkt	mm
e'	Verbindungsmittelabstand	mm
l	Stützweite des Trägers	mm
A_1, A_2	Querschnittsflächen	mm²
W_1, W_2	Widerstandsmomente	mm³
I_1, I_2	Trägheitsmomente	mm⁴
K	Verschiebungsmodul der Verbindungselemente (laut Zulassung)	N/mm

Die Größe des Verschiebungsmoduls K ist abhängig vom Verbindungsmittel, der Einschraubtiefe und der Verbindungsmittelneigung mit Werten zwischen 500 und 50000 N/mm.

$$M_1 = \frac{M}{E_v \cdot I_{eff}} \cdot E_1 \cdot I_1 \qquad M_2 = \frac{M}{E_v \cdot I_{eff}} \cdot E_2 \cdot I_2$$

$$N_1 = -N_2 \qquad\qquad N_2 = \frac{M}{E_v \cdot I_{eff}} \cdot E_2 \cdot A_2 \cdot a_2$$

$$\sigma_{1,o} = \frac{N_1}{A_1} - \frac{M_1}{W_1} \qquad \sigma_{1,u} = \frac{N_1}{A_1} + \frac{M_1}{W_1}$$

$$\sigma_{2,o} = \frac{N_2}{A_2} - \frac{M_2}{W_2} \qquad \sigma_{2,u} = \frac{N_2}{A_2} + \frac{M_2}{W_2}$$

(050|4-05)

Prinzipiell ist dieses Verfahren als Näherungslösung für den Einfeldträger mit gleichförmiger Belastung anzusehen und liefert in diesem Fall auch befriedigende Ergebnisse. Mit der Kenntnis der Teilschnittgrößen für die gegebene Lastsituation können in weiterer Folge nach den bekannten Regeln die Normalspannungen (Einwirkungen) in den Grenzschichten der Teilelemente für den Zustand „Tragen" bemessen werden.

Bild 050|4-01

Bild 050|4-02

Additiv-Decke – kranunabhängige Montage
Additiv-Decke – Verlegung Trapezbleche

Bild 050|4-01
Bild 050|4-02

Bild 050|4-03

Bild 050|4-04

Bild 050|4-05

Additiv-Decke – Verlegung Trapezbleche
Additiv-Decke – vor Betoniervorgang ohne Montageunterstützung
Additiv-Decke – Bewehrung und Verbundträger mit Kopfbolzendübel

Bild 050|4-03
Bild 050|4-04
Bild 050|4-05

Bild 050|4-06

Bild 050|4-07

Schienenüberdachung mit Additiv-Decke

Bilder 050|4-06 und 07

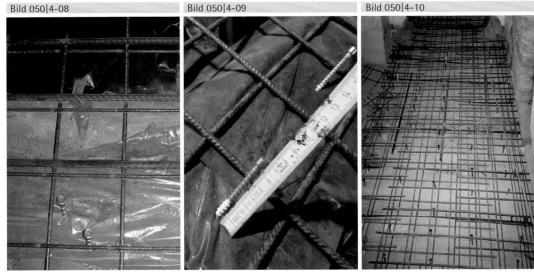

Bild 050|4-08

Bild 050|4-09

Bild 050|4-10

Holz-Beton-Verbunddecke – Verbundmittel in Dippelbaumdecke vertikal verschraubt
Holz-Beton-Verbunddecke – Verbundmittel in Dippelbaumdecke schräg verschraubt
Holz-Beton-Verbunddecke vor der Betoneinbringung zur Deckenverstärkung

Bild 050|4-08
Bild 050|4-09
Bild 050|4-10

Bild 050|4-11

Bild 050|4-12

Holz-Beton-Verbunddecke mit Stahl-Beton-Verbundträger
Detailbereich Stahl-Beton-Verbundträger und Holz-Beton-Verbunddecke

Bild 050|4-11
Bild 050|4-12

Bild 050|4-13

Bild 050|4-14

Holz-Beton-Verbunddecke mit schrägen Verbindungsmitteln zur Deckensanierung
Holz-Beton-Verbunddecke vor der Betoneinbringung – Deckensanierung

Bild 050|4-13
Bild 050|4-14

Balkone und Loggien

Vor allem im Wohnbau, aber auch in jedem anderen Gebäudetyp gibt es Bauteile, die vor der Fassade angeordnet sind oder aus dieser herausragen. Zu diesen Bauteilen außerhalb der Gebäudehülle zählen unter anderem:

- Balkone, Loggien und Laubengänge
- Brüstungen, Attiken und Dachaufbauten
- Stützen und Abhängekonstruktionen

Als bedeutendste Gruppe muss die der Balkone und Loggien beschrieben werden, da hier die Beanspruchungen sowohl betreffend Tragvermögen als auch bezüglich ihrer bautechnisch korrekten Ausbildung am komplexesten sind. Die Attiken und Brüstungen werden im Band 9: Flachdach [7] ausführlich behandelt. Balkone sind entweder durch Tragelemente direkt mit dem innerhalb der Gebäudehülle liegenden Haupttragwerk verbunden oder werden durch eine eigene Tragkonstruktion gestützt. Beispielsweise wird eine Balkonkragplatte als ein die Gebäudehülle durchdringendes Tragelement vielfältig beansprucht und zwar durch:

- Lasten und Kräfte aus Bauteilen und Nutzung außerhalb der Gebäudehülle
- Durchbiegungen und Schwingungen
- thermische Beanspruchung und Temperaturdifferenzen (Wärmebrücken)
- Wasser, Frost und chemische Angriffe

Um sowohl statisch als auch bauphysikalisch befriedigende Lösungen zu finden, müssen an die eine Gebäudehülle durchdringende Tragelemente nachfolgende Anforderungen gestellt werden:

- hohe Festigkeit: Die Minimierung der Wärmebrücken erfordert nach Möglichkeit punktuelle Tragelemente mit kleinem Querschnitt und dementsprechend hoher Festigkeit.

- ausgewogene Steifigkeit: Die Tragelemente müssen zwar zumindest in der Haupttragrichtung fest genug sein, um auftretende Zug-, Druck- und Schubkräfte mit Sicherheit aufnehmen zu können, jedoch oft gleichzeitig in Querrichtung weich genug, um differenziellen Verschiebungen aus unterschiedlichen Temperaturverformungen der außer- und innerhalb der Gebäudehülle liegenden Bauteile folgen zu können.

- geringe Wärmeleitfähigkeit: Sie verringert oder verhindert Kondenswasserbildung und Schimmelpilzgefahr und reduziert Energieverluste.

- Dauerhaftigkeit: Tragelemente im Bereich der Gebäudehülle können oft nicht kontrolliert werden. Sie müssen daher mindestens die Lebensdauer der Gebäudehülle selbst aufweisen.

- ausreichende Dichtigkeit: Gerade im Bereich von Durchdringungen darf das Wasser die Abdichtungshaut nicht unterlaufen, was besonders im Dachbereich bedeutsam ist. Dauerhafte oder wiederkehrende Bauteildurchfeuchtungen sind generell zu vermeiden.

- geringe Schallübertragung: Eine geringe Schallweiterleitung (Körperschall) des Tragelementes selbst ist eine oft schwer zu erfüllende Anforderung mit erheblichen Kostenfolgen. Hier ist des Öfteren eine schalltechnische Trennung zwischen Erreger und Tragelement sinnvoller.

Die Erfüllung mancher Anforderungen bedingt einander widersprechende bautechnische Lösungen. Sie sind daher zu gewichten, Kompromisse sind meist

Balkone und Loggien gehören zu den Bauteilen, die vor der Fassade angeordnet sind oder aus dieser herausragen.

Die Beanspruchungen von Balkonen und Loggien in Bezug auf Tragvermögen und bautechnisch korrekte Ausbildung sind besonders komplex.

Anforderungen an die eine Gebäudehülle durchdringenden Tragelemente:
- hohe Festigkeit
- ausgewogene Steifigkeit
- geringe Wärmeleitfähigkeit
- Dauerhaftigkeit
- ausreichende Dichtigkeit
- geringe Schallübertragung

unumgänglich. Es sollte aber immer gelten, dass die Tragsicherheit dabei die höchste Priorität aufweist. Idealerweise sind die die Gebäudehülle durchdringenden Tragelemente bereits im Entwurf durch konzeptionelle Maßnahmen auf ein Minimum zu reduzieren.

Idealerweise sind die durchdringenden Tragelemente bereits im Entwurf auf ein Minimum zu reduzieren.

Abbildung 050|5-01: Balkone, Loggien, Dachterrasse

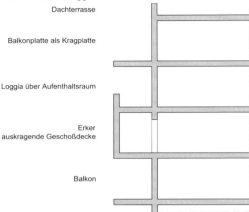

Dachterrasse

Balkonplatte als Kragplatte

Loggia über Aufenthaltsraum

Erker
auskragende Geschoßdecke

Balkon

Balkon
Der vom Wortstamm her mit dem Balken verwandte Balkon ist ein aus der Außenwand hinausragender Teil eines Gebäudes, der zur Nutzung durch Menschen gedacht ist. Er kann als Sonnenschutz oder aus baugestalterischen Gründen überdacht und mit Stützen in die Gebäudefassade eingebunden werden. Balkone sind mit Geländern oder Brüstungen absturzgesichert und haben oftmals keine seitlichen Wandabschlüsse. Je nach Lage der Außenfläche im Bezug zur Fassade unterscheidet man teilweise und ganz eingezogene Balkone. Balkone werden vereinzelt auch verglast ausgeführt, sie liegen jedoch immer oberhalb des Erdgeschoßes. Im Erdgeschoß befindliche Flächen mit ähnlichem Zweck werden als Terrassen bezeichnet.

Balkone sind mit Geländern oder Brüstungen absturzgesichert und haben oft keine seitlichen Wandabschlüsse.

Loggia
Aus dem italienischen „Loge" stammend, war die Loggia lange Zeit besonders bei repräsentativen Gebäuden ein wesentliches Architekturelement. Loggien sind oft innerhalb der Fassadenflucht angeordnete Räume, also an zumindest zwei, meist aber an drei Seiten mit Wänden umbaut und jedenfalls überdeckt. Die Loggia gehört anders als ein Balkon zur Nutzfläche und muss direkt von der Wohnung zugänglich sein. Öffenbare Fenster und Türen anderer Wohnungen dürfen nicht in die Loggia gerichtet sein.

Loggien sind oft innerhalb der Fassadenflucht angeordnet, an zumindest zwei, meist aber an drei Seiten mit Wänden umbaut und überdeckt.

Erker
sind Teile von Wohnräumen, die von Außenwänden umgeben sind, die aber nicht bis auf den gewachsenen Boden hinuntergeführt sind. Erker beginnen in der Regel mit dem ersten Obergeschoß und können oben mit einer Dachterrasse abgeschlossen sein.

Erker sind Teile von Wohnräumen, die nicht bis auf den gewachsenen Boden hinuntergeführt sind.

Laubengang
ist ein außen liegender Erschließungsgang von Gebäuden, der mindestens zur Hälfte gegenüber dem Freien offen ist und der überwiegend gleichmäßig verteilte, unverschließbare Öffnungen über der Parapethöhe

Laubengänge sind außenliegende, überdachte Erschließungsflächen.

besitzt. Nur bei Maisonetten sind sie über Aufenthaltsräumen angeordnet und deshalb den Loggien gleichzusetzen. Sie können auch als eigene Konstruktion vor den Hauptbaukörper vorgestellt sein.

Terrasse

Terrassen waren, wie auch aus dem Wortstamm erkennbar, ursprünglich auf dem Erdboden befestige Flächen im Freien. In der Regel werden sie im Anschluss an Gebäude errichtet. Heute können Terrassen jedoch auch auf Dächern, vor zurückgesetzten Geschoßen und auf Garagen gebaut werden, also immer über einem geschlossenen Raum. Eine Dachterrasse gilt per Definition als widmungsgemäß begehbare Dachfläche.

Terrassen waren ursprünglich auf dem Erdboden befestige Flächen im Freien.

Die Unterscheidung zwischen beispielsweise Balkonen und Loggien ist wegen der Zurechnung der Flächen zu den bebauten Flächen bedeutsam, die entscheidend für die Möglichkeit einer Überschreitung der Baulinien ist. Weiters zu beachten ist, dass Verglasungen von Balkonen und Loggien die einfallende Lichtmenge in die dahinter liegenden Aufenthaltsräume verringern und deshalb die verglasten Flächen entsprechend groß sein müssen.

Beispiel 050|5-01: Bauvorschriften – Erker, Balkone, Loggien (Auszug aus Bauordnung für Wien [12])

§ 80. Bebaute Fläche
(1) Als bebaute Fläche gilt die senkrechte Projektion des Gebäudes einschließlich aller raumbildenden oder raumergänzenden Vorbauten auf eine waagrechte Ebene. Als raumbildend oder raumergänzend sind jene Bauteile anzusehen, die allseits baulich umschlossen sind oder bei denen die bauliche Umschließung an nur einer Seite fehlt. Unterirdische Gebäude oder Gebäudeteile bleiben bei der Ermittlung der bebauten Fläche außer Betracht.
(2) Vor die Gebäudefront ragende Gebäudeteile der in § 84 Abs. 1 und 2 genannten Art und in dem dort bezeichneten Ausmaß bleiben bei der Ermittlung der bebauten Fläche außer Betracht, gleichgültig, ob sie über Baufluchtlinien ragen oder nicht; überschreiten solche Gebäudeteile das genannte Ausmaß, sind sie zur Gänze nach Abs. 1 zu beurteilen. Erker, Balkone und Loggien, unter denen nicht überall eine freie Durchgangshöhe von mindestens 2,10 m gewährleistet ist, sind der bebauten Fläche voll zuzurechnen.

§ 84. Bauteile vor den Baufluchtlinien und in Abstandsflächen und Vorgärten
(2) Über Baufluchtlinien, in die Abstandsflächen und in die Vorgärten dürfen außerdem folgende Gebäudeteile vorragen: auf eine Breite von höchstens einem Drittel der betreffenden Gebäudefront Erker, Balkone und Treppenhausvorbauten und Aufzugsschächte, sofern die Ausladung der Balkone höchstens 2,50 m und der anderen Bauteile höchstens 1,50 m beträgt und sie von den Nachbargrenzen einen Abstand von wenigstens 3 m einhalten; die sich daraus für Erker ergebende Kubatur an einer Gebäudefront kann unter Einhaltung dieser Ausladung und des Abstandes von Nachbargrenzen an dieser Front frei angeordnet werden. An Gebäuden, deren Gebäudehöhe nach den Bestimmungen des § 75 Abs. 4 und 5 zu bemessen ist, dürfen solche Vorbauten an den Straßenfronten nur eine Ausladung von höchstens 1 m aufweisen. Darüber hinaus sind bis zu einem weiteren Drittel der Gebäudefront solche Balkone über gärtnerisch auszugestaltenden Flächen, ausgenommen Abstandsflächen, zulässig.

Entwässerung und Abdichtung

Die Entwässerung von Balkonen und Loggien ist von der Ausbildung der Brüstung bzw. des Geländers sowie von der Lage am Gebäude und der Größe der zu entwässernden Fläche abhängig. Loggien und Dachterrassenflächen – also alle Flächen über Innenräumen – sind abzudichten, um ein Eindringen von Feuchtigkeit auch in andere Bauteile zu verhindern. Aber auch bei Balkonen – selbst bei Einsatz von hochwertigen Fertigteilplatten aus wasserundurchlässigem Beton – ist eine Abdichtung empfehlenswert. Oberflächen sind vorzugsweise mit einem Gefälle weg von den Fassadenflächen auszuführen, dieses sollte mindestens 1 bis 2 % betragen und auch in der Entwässerungsebene ausgebildet sein. In diesem Zusammenhang ist auch zu beachten, dass die Beläge zur Vermeidung von Rutschgefahr entsprechend rau und natürlich frostsicher gewählt werden müssen.

Das Eindringen von Feuchtigkeit in andere Bauteile über Balkone oder Loggien soll verhindert werden.

Die Aufbauten von Terrassen und Loggien entsprechen denen von Flachdächern und sind im Band 9: Flachdach [7] enthalten. Hinsichtlich der Oberflächenausbildung können Platten im Kiesbett oder Fliesenbeläge bis zu begrünten Flächen zur Ausführung kommen.

Tabelle 050|5-01: Aufbauten von Balkonen auf Stahlbetonkragplatten

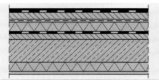  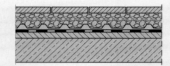

Belag	Belag (im Mörtelbett)	Belag (Steinplatten)
Verbundabdichtung	Abdichtung	Kiesbett
Estrich	Gefälle	Drainagematte
Vlies	Deckenkonstruktion	Abdichtung
Wärmedämmung XPS		Gefälle
Abdichtung		Deckenkonstruktion
Gefälle		
Deckenkonstruktion		
Wärmedämmung		
Dünnputz		

Balkonbeläge aus keramischen Platten müssen frostsicher sein und werden zumeist in kunststoffvergüteter (flexibler) und frostsicherer Klebemasse im Dünnbett verlegt. Sie sind somit ein relativ leichter Bodenbelag. Unter dem Dünnbettmörtel sollte immer eine Verbundabdichtung (z. B. eine zweilagige, Abdichtung aus polymermodifiziertem Zement) samt entsprechenden Dichtbändern für die Anschlüsse angeordnet werden (siehe ÖNORM B 3407 [39]). Bei großen Plattenformaten wird eine Anordnung einer Entkoppelungsmatte empfohlen. Der gesamte Aufbau ist im Gefälle auszuführen.

Schwimmende Estriche werden selten verwendet, höchstens im Falle einer umseitig wärmegedämmten Betonplatte oder bei Dachterrassen und Loggien. Wird der Estrich direkt auf die Betonplatte betoniert, dieser kann auch gleichzeitig die gefällebildende Schicht sein, ist er als Verbundestrich auszuführen. Gleitende Estriche sind nicht zu empfehlen und auch nicht erforderlich. Estriche sollten zumindest die Druckfestigkeitsklasse C30 aufweisen.

Steinplatten können mit Dünnbettmörtel auf Estrich oder aber direkt in einem Drainagemörtelbett verlegt werden. Auch hier ist die absolute Frostsicherheit wesentlich. Seltener werden Steinplatten auf Stelzlager (großflächigen Lagerplatten) verlegt, sodass eine freie Entwässerungsebene direkt unter dem Belag entsteht. Diese Form wird dagegen bei Betonplatten öfter ausgeführt, ebenso die Verlegung im Mörtelbett. Alle zuvor genannten Belagstypen sind relativ schwer und teilweise auch hoch im Aufbau, weshalb sie für Balkone weniger geeignet erscheinen.

Die Wärmedämmung über der Entwässerungsebene muss immer aus Materialien gewählt werden, die kein Wasser aufnehmen wie beispielsweise geschlossenzellige Schaumstoffplatten (XPS). Im Falle eines Hinterströmens ist bei der Bemessung der Wärmedämmung der zusätzliche Kühleffekt durch eine Erhöhung der Dämmschichtdicke zu kompensieren. Für bituminöse Abdichtungen – Kunststofffolien werden auf Balkonen und Loggien selten verwendet – gelten die Anforderungen der ÖNORM B 3691 [42].

Das unter die Belagsebene eindringende Wasser muss im Spaltraum über der Abdichtung oder durch das Mörtelbett abfließen. Wichtig ist immer, das

beschaffen sein, dass ein Durchschlüpfen (maximaler lichter Abstand 12 cm) oder Hochklettern (horizontale Fugen dürfen maximal 2 cm breit sein nicht möglich ist.

Beispiel 050|5-04: Bestimmungen der OIB-Richtlinie 4 – Geländer und Brüstungen

4.2 Anforderungen an Absturzsicherungen

4.2.1 Die Höhe der Absturzsicherung hat mindestens 1,00 m, ab einer Absturzhöhe von mehr als 12 m mindestens 1,10 m zu betragen. Die Höhe der Absturzsicherung wird von der Standfläche gemessen. Bei Absturzsicherungen mit einer oberen Tiefe von mindestens 20 cm (z. B. Brüstungen, Fensterparapete) darf die jeweils erforderliche Höhe um die halbe Brüstungstiefe abgemindert, jedoch ein Mindestmaß von 85 cm nicht unterschritten werden.

4.2.3 Im Bereich von 15 cm bis 60 cm über der Standfläche dürfen keine horizontalen oder schrägen Elemente der Absturzsicherung angeordnet sein, es sei denn, ein Hochklettern wird erschwert, wie zum Beispiel durch

- *horizontale oder schräge Elemente, die nicht um mehr als 3 cm vorspringen,*
- *Öffnungen, die in der Vertikalen nicht größer als 2 cm sind,*
- *Seilnetze mit einem Maschenumfang von höchstens 16 cm,*
- *Lochbleche mit einem Lochdurchmesser von höchstens 4 cm,*
- *eine nach innen um mindestens 15 cm überstehende Geländeroberkante.*

4.2.4 Öffnungen in Absturzsicherungen dürfen zumindest in einer Richtung nicht größer als 12 cm sein. …

Geländer und Brüstungen müssen nach den ÖNORMen EN 1991-1-1 [64] und ÖNORM B 1991-1-1 [28] für die Aufnahme von definierten Horizontalkräften bemessen sein. Die Größe der Horizontalkräfte ist dabei abhängig von der jeweiligen Nutzung der zugeordneten Räume (siehe Band 2: Tragwerke [3]).

Tabelle 050|5-02: Kräfte auf Absturzsicherungen – ÖNORM B 1991-1-1 [28]

Gebäude-, Raum- bzw. Flächennutzung	Horizontalkraft q_k [kN/m]
Kategorien A, B1: Wohnflächen, Büroflächen in bestehenden Gebäuden	0,5
Kategorien B2, C1 bis C4, D, E: Büroräume in Bürogebäuden, Schulen, Restaurants, Kirchen, Theater, Kinos, Verkaufsflächen, Lagerflächen	1,0
Kategorie C5: Gebäude und Flächen mit möglichen Menschenansammlungen, z. B. Konzertsäle, Bahnsteige, Sporthallen mit Tribünen	3,0

Beim unteren Abschluss von Geländern ist besonders bei Anordnung der Geländerflucht vor der Vorderkante von Balkonen auf eine durchtrittssichere Ausführung zu achten – mit einem Abstand von ≤3 cm. Blechrinnen gelten nicht automatisch als durchtrittsbehindernd. Für Fluchtbalkone oder Balkonbereiche, die nur zu Wartungsarbeiten betreten werden, gelten Erleichterungen.

Abbildung 050|5-07: Verankerungen von Geländerstehern – schematisch

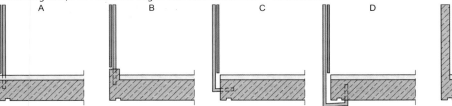

A   auf der Oberfläche der Tragkonstruktion
B   auf Randbalken
C   an der Ansichtsfläche der Tragkonstruktion
D   an der Unterseite der Tragkonstruktion
E   Ausführung mit Brüstung

Grundsätzlich sind Einbindungen zu bevorzugen, die ein Durchdringen der Abdichtungsebene vermeiden. Wenn diese Ausführung dennoch gewählt wird, ist eine spenglermäßig fachgerechte Verwahrung der Durchführungshülsen auszuführen, alternativ können auch Kunststoffabdichtungen verwendet werden. Die Durchführungen sind vom Belag elastisch und dicht zu trennen. Bei Befestigungen an den Stirnseiten ist darauf zu achten, dass abtropfendes Wasser vom Anschlusspunkt ferngehalten wird und nachträgliches Dübeln im randnahen Bereich ein Ausbrechen der Betonkanten verursachen kann. Befestigungen an Plattenunterseiten oder an einem Randbalken sind am einfachsten auszuführen, bedingen aber eine darauf abgestimmte Art der Balkonentwässerung. Bei größeren Geländerauskragungen kommt der richtigen Dimensionierung der Stäbe besondere Bedeutung zu.

Bei Befestigungen an den Stirnseiten von Balkonen ist auf die Wasserableitung und die Randabstände der Dübel zu achten.

Abbildung 050|5-08: Verankerungen von Geländerstehern – schematisch

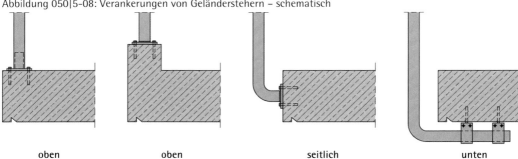

oben   oben   seitlich   unten

Als Randabschlüsse werden – je nach Belagsaufbau – von einfachen Rand-profilen zur Verwahrung der Belagsränder und unverkleideten Betonfronten bis zu komplett verblechten Balkonseiten eine Vielzahl von Lösungen angeboten und ausgeführt.

Abbildung 050|5-09: Randabschlüsse von Balkonen [94]

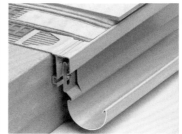

Bild 050|5-01

Bild 050|5-02

Balkon mit Zusatzstütze und Stahltragkonstruktion
Stahlbetonbalkon mit Geländerbefestigung an der Unterseite

Bild 050|5-01
Bild 050|5-02

Bild 050|5-03

Bild 050|5-04

Bild 050|5-05

Terrasse
gemauerter Erker mit Verglasung
Dachterrasse mit Auskragung und Balkon aus Stahlbeton

Bild 050|5-03
Bild 050|5-04
Bild 050|5-05

Bild 050|5-06

Bild 050|5-07

Balkon mit Stahltragkonstruktion und Trapezblech
abgehängte Balkone aus Stahl-Glas-Konstruktionen

Bild 050|5-06
Bild 050|5-07

Bild 050|5-08

Bild 050|5-09

Stahlbetonkragplatten mit thermischer Trennung
thermische Trennelemente mit Anschlussbewehrung vor dem Betonieren

Bild 050|5-08
Bild 050|5-09

Bild 050|5-10

Bild 050|5-11

Einbau thermisches Trennelement in Balkonplatten, Deckenrand abgeschalt
Einbau thermisches Trennelement

Bild 050|5-10
Bild 050|5-11

Bild 050|5-12

Bild 050|5-13

Bild 050|5-14

Einbau thermisches Trennelement im Fertigteilwerk
Anschlussbewehrung und Abschalung für Konsolelement
thermische Trennung für Konsolen

Bild 050|5-12
Bild 050|5-13
Bild 050|5-14

Ziegel für Wand, Decke und Dach

Die meisten privaten Bauherrn entscheiden sich für ein Haus aus Ziegel – und das aus gutem Grund: die Ziegelbauweise ist nun einmal der natürliche Zehnkämpfer unter den Baustoffen.

Höchste Wertbeständigkeit

Häuser in klassischer Ziegel-Massivbauweise haben einen hohen Wiederverkaufswert und bilden somit eine rentable Wertanlage.

Heizkostensparend

Massive monolithische Ziegelwände und Ziegeldecken halten im Winter die Wärme im Haus, gleichen Temperaturunterschiede aus und nützen zudem die passiven Sonnenenergiegewinne durch Speicherung und zeitverzögerte Abgabe.
Beispiel: Bürogebäude „22 26" (Baumschlager Eberle Architekten, Lustenau) ein Haus ohne Heizsystem, ohne mechanische Kühlung, ohne mechanische Lüftung, … (Quelle: Ziegel im Hochbau (ISBN 978-3-0356-1615-6 (2. Auflage, Birkhäuser)), Kapitel 9, Seite 414+415

Behagliches Klima zum Wohlfühlen

Speichermasse, Sommertauglichkeit, Feuchtigkeits- und Wärmepufferung, Kapillarität, Freiheit von Wohn-Schadstoffen, Faktoren, die bewirken, dass man sich in einem Ziegelhaus immer behaglich wohlfühlt.

Bester Schallschutz

Aufgrund der massiven Bauweise und den vielfältigen Produkten bleibt in einem Ziegelhaus der Lärm draußen. Und wenn es im Haus einmal hoch hergeht, können die Nachbarn ruhig schlafen.

Optimaler Brandschutz

Nichttragende Ziegelwände bieten ab 10 cm (einseitig verputzt) die Brandwiderstandsklasse EI 90. Tragende Ziegel ab 17 cm Wanddicke und Ziegeldecken mit oder ohne Aufbeton sind mindestens REI 90 klassifiziert. Ziegel enthalten keinerlei brennbare Substanzen.

Sicher, stabil, lange Lebensdauer

Massive Ziegelhäuser bieten ein größtmögliches Maß an Sicherheit, sie sind formbeständig und stabil. Ziegelbauten gibt es seit Tausenden von Jahren.
Projekt DDMaS – die Entwicklung einer softwaretechnischen Lösung für die Bemessung von Mauerwerksbauten, insbesondere unter Nutzung der FEM-Methode zur Berechnung von 3D-Gebäudemodellen ist ab 2021 als FEM-Software verfügbar.

Hervorragende ökologische Qualität

Der Rohstoff „Tonerde" wird mit sehr geringem Energieaufwand gewonnen – der Ziegel mit neuesten energiesparenden Technologien gebrannt, damit sind seine Eigenschaften auf Lebensdauer fixiert. Am Ende der Lebensdauer kann Ziegel-Abbruchmaterial wiederverwertet oder problemlos deponiert werden. Letztendlich werden Tongruben an Natur und Gesellschaft zurückgegeben. Sie bieten dann wertvolle, sehr selten gewordene Biotope für bedrohte Tier- und Pflanzenarten oder begehrte Flächen für z.B. Wohnnutzung.

www.natuerlich-ziegel.at
(und Broschüre „Mit Ziegeln das Klima schützen")

Österreichischer Ziegel ist ein regionaler Baustoff mit kurzen Transportwegen

Sein eingeprägter Herkunftsnachweis schafft mehr Transparenz.

Unterdecken

Oft bestehen erhöhte Anforderungen an die Deckenuntersicht, sei es aus optisch/architektonischen, brandschutztechnischen oder schallschutztechnisch/raumakustischen Gründen, die sich durch das eigentliche Deckensystem nicht erfüllen lassen. In den letzten Jahrzehnten werden an Decken immer mehr ergänzende Aufgaben wie Integration von Beleuchtungs- oder Mediensystemen oder das Heizen beziehungsweise Kühlen von Räumen gestellt, oder sie müssen Platz für Belüftungssysteme bieten.

An Decken werden immer mehr ergänzende Aufgaben gestellt.

Unterdecken ermöglichen die Erfüllung vieler dieser Forderungen, und so reicht deren Einsatzbereich von Industriebauten über Verwaltungsbauten, Flughäfen und Bahnhöfe, Hotels, Sporthallen, Universitäten und Schulen, Verkaufs- und Versammlungsstätten bis hin zu Kliniken und Labors.

Das Erscheinungsbild und das Ambiente der Räume werden naturgemäß stark von der optischen und von der technischen Ausführung der Decke beeinflusst. Interessant ist die Gestaltung der Decke jedoch nicht nur im Neubau – auch bei Renovierungsarbeiten werden die Decken zunehmend zum Einrichtungsgegenstand. Grundsätzlich werden Unterdecken in ÖNORM EN 13964 [76] beschrieben. Sie werden unterschieden in

Im Neubau und bei Renovierungsarbeiten werden Decken zunehmend zum Einrichtungsgegenstand.

- leichte Deckenbekleidungen, bei denen die Tragkonstruktion direkt am tragenden Deckenbauteil befestigt ist, und
- Unterdecken, deren Tragkonstruktion abgehängt ist.

Abbildung 050|6-01: Deckenbekleidung – untergehängte Decken

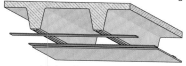 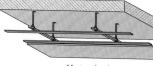

leichte Deckenbekleidung   Unterdecke

Die meisten Deckenbekleidungen und Unterdecken bestehen aus Gipsplattensystemen, deren Bestandteile nach europäischen Normen geregelt sind, so auch nach ÖNORM EN 14195 [78] für Metall-Unterkonstruktionsbauteile für Gipsplatten-Systeme. Neben der Abhänger- und Unterkonstruktionsprüfung sind auch Belastungs- und Durchbiegungsprüfungen der Decklage als Voraussetzung für eine CE-Kennzeichnung dieser Produkte erforderlich.

Das Plattenangebot ist vielfältig. Im klassischen Baustoffhandel findet man hauptsächlich großformatige Gipsplatten nach ÖNORM B 3410 [40] und ÖNORM EN 520 [60]. Als grundlegende Planungsnorm kann die ÖNORM B 3415 [41] über Gipsplatten und Gipsplattensysteme genannt werden. Hierin werden Regelungen zu praktisch allen wesentlichen Aspekten bei der Errichtung von Unterdecken, aber auch Ständerwänden aus Gipsplatten gegeben.

Funktionen

Leichte Deckenbekleidungen besitzen grundsätzlich nur eine am Deckenbauteil befestigte Metall- oder Holzunterkonstruktion. Deren Raster wird durch das Format der Verkleidungsplatten bestimmt. Sie sind wegen des geringen Installationsraumes zur Nutzung für die technische Gebäudeausstattung nur von untergeordneter Bedeutung, werden aber meist als „Trockenputz" genutzt.

Bei Unterdecken werden Tragprofile bzw. Hauptträger mittels der höhenverstellbaren Abhänger in ihrer Lage fixiert. Dadurch besteht mehr Flexibilität im Höhenausgleich bzw. die Möglichkeit von größeren Leitungsquerschnitten im Zwischenraum.

Deckenbekleidungen und Unterdecken werden heute zumeist als industriell vorgefertigte Elemente in Trockenbauweise montiert, wobei auf die Eignung in Feuchträumen zu achten ist – als Richtwert kann die zulässige Luftfeuchtigkeit bei Gips- und Mineralplatten mit 90 % angesetzt werden – und können unterschiedliche Funktionen erfüllen:

Deckenbekleidungen und Unterdecken können unterschiedliche Funktionen erfüllen.

- Gestaltung des oberen Raumabschlusses. Verdecken der Rohbaukonstruktion oder einer Installationszone, Herstellung der optischen Raumbegrenzung
- Luftschallschutz (bei biegeweicher Unterdecke)
- Luftschallabsorption und Schalldiffusion zur Vermeidung unerwünschter Schallreflexion – Verbesserung der Raumakustik
- Brandschutz
- Installationsdecken
  - Lichtdecke: Aufnahme der Allgemeinbeleuchtung mit Blendungsbegrenzung
  - Aufnahme von Luftauslässen und Abluftöffnungen oder Klimadecken mit integrierten Installationselementen
  - Integration von Medien- und Kommunikationstechnik
- Herstellung eines hermetisch luftdicht abgeschlossenen Unter- oder Überdruckraumes für Lüftungs- und Klimaanlagen
- Erfüllung von Hygieneanforderungen in Küchen- und Laborbereichen, Reinraumdecken
- Trennung von Konstruktions- und Ausbauraster eines Gebäudes, Aufnahme von Trennwandanschlüssen
- ballwurfsichere Decken – in Sporthallen

Abgehängte Decken bringen der Geschoßdecke zusätzlich bauphysikalische Vorteile, vor allem im Bereich der Schalldämmung und Brandbeständigkeit. Die Vielzahl der möglichen Einbauelemente in den abgehängten Decken (Sprinklerköpfe, Lüftungsauslässe, Aufbau- oder Einbauleuchten etc.) darf jedoch die geforderten bauphysikalischen Eigenschaften nicht beeinträchtigen.

Die Einbauelemente in abgehängten Decken dürfen die geforderten bauphysikalischen Eigenschaften nicht beeinträchtigen.

Da Unterdecken auch unterschiedlichen Beanspruchungen ausgesetzt sind, ebenso wie unterschiedlich erforderlichen Nutzungsdauern, werden in der ÖNORM EN 13964 [76] auch diesbezüglich Regelungen getroffen, so z. B. vier unterschiedliche Beanspruchungsklassen A bis D (abhängig vom Umgebungsklima), die vom Deckenlieferanten angegeben werden müssen.

Beanspruchungen

050|6|1|1

Die Eigenlasten von Unterdecken sind bei der Bemessung der tragenden Decken zu berücksichtigen und bewegen sich je nach handelsüblichem System zwischen 0,1 und 0,3 kN/m², jedenfalls aber unter 0,5 kN/m². Diese Werte enthalten noch keine eingebrachten Sonderlasten wie z. B. Lampen, Lüftungskanäle und Lüftungsauslässe oder Rohrleitungen. Diese Einzellasten sind, wie bei Klimadecken bzw. bei Installationsführungen im Bereich der Unterdecke, als getrennte Lasten zu berücksichtigen und auch getrennt von der Unterdeckenkonstruktion abzuhängen und abzutragen. Flächenbezogene Zusatzlasten bis zu

Einzellasten sind als getrennte Lasten zu berücksichtigen und auch getrennt von der Unterdeckenkonstruktion abzuhängen und abzutragen.

Akustikdecken

Oftmals bieten schon die Standard-Unterdeckensysteme wesentliche Verbesserungen der raumakustischen Eigenschaften. Bei Akustikdecken werden diese Anforderungen jedoch gezielt erhoben bzw. die Materialwahl und das Lochbild auf diese Anforderungen abgestimmt.

Beispiel 050|6-09: Akustikdecke [88][91]

050|6|3|3

Bei Akustikdecken werden Material und Lochbild auf raumakustische Anforderungen abgestimmt.

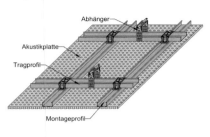

Beispiel 050|6-10: Akustikdecke mit Lüftungsschienen [88][91]

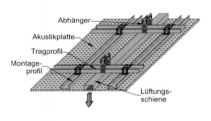

Brandschutzdecken

Kritische Punkte bei den Brandschutzdecken sind die Anschlüsse und erforderliche Schwächungen oder Durchdringungen wie beispielsweise der Einbau von Leuchten oder Lüftungsauslässen. Hier sind umfassende Vorkehrungen zu treffen, wobei die Brandschutzebene immer ungeschwächt vorhanden sein muss.

050|6|3|4

Die Brandschutzebene muss immer ungeschwächt erhalten bleiben.

Abbildung 050|6-09: Konstruktionsdetails Brandschutz Unterdecken [88]

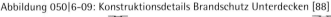
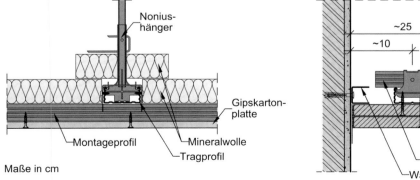
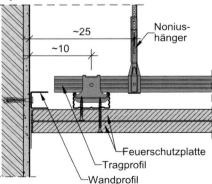

Beispiel 050|6-11: Brandschutzdecke mit Akustikplatte [88]

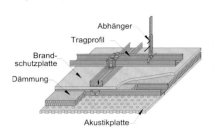
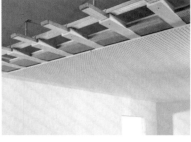

Klimadecken

050|6|3|5

Ein ausgeglichenes Raumklima und gleichmäßige Raumtemperaturen im Sommer und Winter sind sowohl in modernen Bürogebäuden als auch im Wohnungsbau für das Wohlbefinden und konzentrierte Arbeiten von besonderer Wichtigkeit. Um diesen Ansprüchen gerecht zu werden, wurden Kühl-/Heizsysteme für den Deckenbereich zu multifunktionalen Systemen weiterentwickelt. Diese Systeme werden in Form einer leichten Deckenbekleidung direkt bzw. als Unterdecke drucksteif an der Rohdecke befestigt oder als Deckensegel abgehängt.

Für ein ausgeglichenes Raumklima wurden Kühl-/Heizsysteme für den Deckenbereich zu multifunktionalen Systemen weiterentwickelt.

Beispiel 050|6-12: Klimadecke [88]

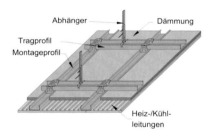

Die Kühllastabfuhr und die Wärmezufuhr erfolgen in der Klimafläche mittels wasserdurchströmter Rohrregister, dadurch entstehen keine negativen Nebeneffekte wie Geräusch oder Luftzug. Die Klimafläche kann zum Kühlen und Heizen verwendet werden, zusätzliche und oft störende Radiatoren werden nicht mehr benötigt. Die großen Strahlungsflächen der Klimafläche bewirken ein sehr behagliches Raumklima. Deckensysteme in Verbindung mit der Kühl-/Heiztechnik erfüllen mehrere Aufgaben:

Die großen Strahlungsflächen der Klimadecken bewirken ein sehr behagliches Raumklima.

- gestalterisches Deckenelement
- Kühlung
- Heizung
- Schallabsorption

Die Thermoplatten (z. B. aus biolöslicher Mineralwolle, Perlite, Ton und Stärke oder mit Metall-Beschichtung) 10 mm stark sind mit glatter Oberfläche bzw. in gelochter (beispielsweise durchlaufender Lochung 8/18) oder geschlitzter Ausführung als Akustikdesignplatte lieferbar. Auf den Thermoplatten können grundsätzlich Beschichtungen oder Anstriche aufgebracht werden. Die Unterkonstruktionen richten sich nach den Angaben des jeweiligen Kühldeckensystems bzw. nach dem Lochbild der Akustikdecke.

Thermoplatten sind als Akustikdesignplatten lieferbar.

Das Kühl-/Heizdeckensystem besteht z. B. aus Kunststoffrohren ⌀10 mm sauerstoffdicht nach DIN 4726 [24] in Wärmeleitprofile integriert und erfüllt die Funktion Heizen und Kühlen für Raumtemperaturen zwischen 20 ° und 26 °C bei einer mittleren Deckentemperatur von 30 °C im Heizbetrieb. Die Sammelrohre bestehen aus Mehrschicht-Verbundrohren. Die Vor- und Rücklaufleitungen der Register werden an die werksseitig vorgefertigten Sammelrohre mit der Schiebehülsentechnik angeschlossen. Die Kühl-/Heizmodule für Kassettendecken müssen auf das Unterdeckensystem abgestimmt sein.

Spanndecken

Spanndecken bestehen aus Spannsystemen, die mit antistatischen Kunststoff-Spannfolien bezogen werden. Am Außenrand der Folie wird in der Fabrikation eine Profilkante (Keder) angeschweißt. Nachdem die Wand- oder Deckenprofile auf die gewünschte Höhe montiert worden sind, kann die Spanndecke eingehängt werden. Die sichtbaren oder nicht sichtbaren Profilleisten definieren die Deckenebene in der festgelegten Raumhöhe.

Während der Montage der Deckenfläche müssen die Profilleisten ca. 0,4 kN/m Zugkraft standhalten, sie werden an der Wand verschraubt, festgeklebt oder verklammert. Für das Einspannen der Deckenfläche wird der Raum auf 40 °C erhitzt. So wird das Folienmaterial erwärmt und elastisch für den Einspannvorgang. Das für jeden Raum maßkonfektionierte Gewebe – die Deckenfläche wird mit allen Ecken und Rundungen im Werk ca. 7 % kleiner als das tatsächliche Raummaß angefertigt – wird mittels Spezialspachteln in der Leiste befestigt. Durch den Keder bekommt sie in den Leisten hervorragenden Halt. Nach dem Abschalten des Wärmeofens erkaltet der Raum wieder auf normale Temperatur, und die Deckenfläche spannt sich perfekt eben.

Beispiel 050|6-13: Spanndecke [84]

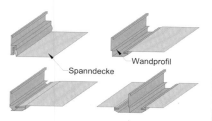

Durch Spanndecken lassen sich große Räume architektonisch frei von flächigen Untersichten individuell gestalten – praktisch jede Formgebung ist möglich. Im Zusammenspiel mit der Lichttechnik erlauben transluzide Folien attraktive Beleuchtungseffekte. Durch spezielle Oberflächenstrukturen lassen sich auch die Anforderungen an Schalldämpfung bzw. Beeinflussung der Raumakustik erfüllen. Sämtliche erforderliche Öffnungen und Einbauteile für Lüftung, Klima- oder andere Geräte können integriert werden. Durch die Möglichkeit von feinen Perforationen ist auch eine Wirkung als „Klimadecke" möglich. Spanndeckensysteme lassen sich gleichartig auch für Wandbekleidungen heranziehen.

050|6|3|6

Spanndecken bestehen aus Spannsystemen, die bei 40 °C Raumtemperatur mit antistatischen Kunststoff-Spannfolien bezogen werden.

Sonderformen

Oftmals werden nur Teilbereiche der Decke mit abgehängten Deckenkonstruktionen bekleidet, wie beispielsweise bei Deckensegeln, in die jedoch die
Beleuchtung oder auch Heizelemente integrierbar sind. Zusätzlich können
Vorteile bei der Schallabsorption oder Beleuchtungstechnik wie Tageslicht-
lenkung oder Optimierung der Lichtreflexion genutzt werden. Durch enge
Anordnung entsteht ein darüber angeordneter, nicht einsehbarer Installations-
raum, der für notwendige Leitungsführungen genutzt werden kann.

Beispiel 050|6-14: Deckensegel – konvex [90]

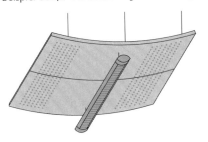 

Beispiel 050|6-15: Deckensegel – konkav [89]

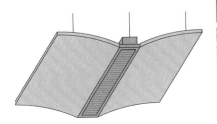 

Bild 050|6-01   Bild 050|6-02   Bild 050|6-03

Bild 050|6-04   Bild 050|6-05   Bild 050|6-06

Herstellung einer Unterdecke mit Holzunterkonstruktion   Bilder 050|6-02 bis 06

Bild 050|6-07   Bild 050|6-08

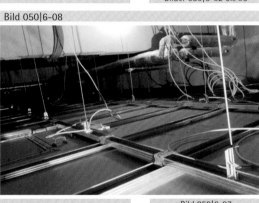

Unterkonstruktion Gipskartonplattendecke
Draufsicht auf Gipskartonplattendecke   Bild 050|6-07
Bild 050|6-08

Bild 050|6-09   Bild 050|6-10

Mineralfaserdecke mit Einbauten
eingebaute Klimaanlage und Revisionsöffnung in Mineralfaserdecke   Bild 050|6-09
Bild 050|6-10

Bild 050|6-11

Bild 050|6-12

Bild 050|6-13

freitragende Unterdecke im Gangbereich
Kassettendecke mit geschlossener Untersicht
Lamellendecke

Bild 050|6-11
Bild 050|6-12
Bild 050|6-13

Bild 050|6-14

Bild 050|6-15

Spanndecken
Spanndecken

Bild 050|6-14
Bild 050|6-15

Bild 050|6-16

Bild 050|6-17

Spanndecken
Spanndecken

Bild 050|6-16
Bild 050|6-17

[56] *ÖNORM B 8110-3:* Wärmeschutz im Hochbau – Vermeidung sommerlicher Überwärmung – Validierungsbeispiele. Österreichisches Normungsinstitut, Wien. 2018-09-01

[57] *ÖNORM B 8115-2:* Schallschutz und Raumakustik im Hochbau – Teil 2: Anforderungen an den Schallschutz. Österreichisches Normungsinstitut, Wien. 2006-12-01

[58] *ÖNORM EN 338:* Bauholz für tragende Zwecke – Festigkeitsklassen. Österreichisches Normungsinstitut, Wien. 2013-10-01

[59] *ÖNORM EN 386:* Brettschichtholz – Leistungsanforderungen und Mindestanforderungen an die Herstellung. Österreichisches Normungsinstitut, Wien. 2002-05-01 zurückgezogen

[60] *ÖNORM EN 520:* Gipsplatten – Begriffe, Anforderungen und Prüfverfahren. Österreichisches Normungsinstitut, Wien. 2010-07-01

[61] *ÖNORM EN 1065:* Baustützen aus Stahl mit Ausziehvorrichtung – Produktfestlegungen, Bemessung und Nachweis durch Berechnung und Versuche. Österreichisches Normungsinstitut, Wien. 2013-12-01

[62] *ÖNORM EN 1364-2:* Feuerwiderstandsprüfungen für nichttragende Bauteile – Teil 2: Unterdecken. Österreichisches Normungsinstitut, Wien. 2018-03-01

[63] *ÖNORM EN 1990:* Eurocode – Grundlagen der Tragwerksplanung (konsolidierte Fassung). Österreichisches Normungsinstitut, Wien. 2013-03-15

[64] *ÖNORM EN 1991-1-1:* Eurocode 1: Einwirkungen auf Tragwerke – Teil 1-1: Allgemeine Einwirkungen – Wichten, Eigengewicht und Nutzlasten im Hochbau (konsolidierte Fassung). Österreichisches Normungsinstitut, Wien. 2011-09-01

[65] *ÖNORM EN 1992-1-1:* Eurocode 2 – Bemessung und Konstruktion von Stahlbeton- und Spannbetontragwerken – Teil 1-1: Grundlagen und Anwendungsregeln für den Hochbau (prEN 1992-1-1:2003, nicht beigelegt). Österreichisches Normungsinstitut, Wien. 2015-02-15

[66] *ÖNORM EN 1992-1-2:* Eurocode 2: Bemessung und Konstruktion von Stahlbeton- und Spannbetontragwerken – Teil 1-2: Allgemeine Regeln – Tragwerksbemessung für den Brandfall (konsolidierte Fassung). Österreichisches Normungsinstitut, Wien. 2019-11-01

[67] *ÖNORM EN 1994-1-1:* Eurocode 4 – Bemessung und Konstruktion von Verbundtragwerken aus Stahl und Beton – Teil 1-1: Allgemeine Bemessungsregeln und Regeln für den Hochbau (prEN 1994-1-1:2004, nicht beigelegt). Österreichisches Normungsinstitut, Wien. 2009-07-01

[68] *ÖNORM EN 1994-1-2:* Eurocode 4: Bemessung und Konstruktion von Verbundtragwerken aus Stahl und Beton – Teil 1-2: Allgemeine Regeln Tragwerksbemessung im Brandfall. Österreichisches Normungsinstitut, Wien. 2014-07-15

[69] *ÖNORM EN 1995-1-2:* Eurocode 5 – Bemessung und Konstruktion von Holzbauten – Teil 1-2: Allgemeine Regeln – Tragwerksbemessung für den Brandfall (konsolidierte Fassung). Österreichisches Normungsinstitut, Wien. 2011-09-01

[70] *ÖNORM EN 1995-1-1:* Eurocode 5: Bemessung und Konstruktion von Holzbauten – Teil 1-1: Allgemeines – Allgemeine Regeln und Regeln für den Hochbau (konsolidierte Fassung). Österreichisches Normungsinstitut, Wien. 2019-06-01

[71] *ÖNORM EN 1996-1-1:* Eurocode 6 – Bemessung und Konstruktion von Mauerwerksbauten – Teil 1-1: Allgemeine Regeln für bewehrtes und unbewehrtes Mauerwerk (konsolidierte Fassung). Österreichisches Normungsinstitut, Wien. 2013-01-01

[72] *ÖNORM EN 1996-3:* Eurocode 6 – Bemessung und Konstruktion von Mauerwerksbauten – Teil 3: Vereinfachte Berechnungsmethoden für unbewehrte Mauerwerksbauten (konsolidierte Fassung). Österreichisches Normungsinstitut, Wien. 2016-07-01

[73] *ÖNORM EN 13369:* Allgemeine Regeln für Betonfertigteile. Österreichisches Normungsinstitut, Wien. 2018-10-01

[74] *ÖNORM EN 13501-1:* Klassifizierung von Bauprodukten und Bauarten zu ihrem Brandverhalten – Teil 1: Klassifizierung mit den Ergebnissen aus den Prüfungen zum Brandverhalten von Bauprodukten. Österreichisches Normungsinstitut, Wien. 2020-01-15

[75] *ÖNORM EN 13501-2:* Klassifizierung von Bauprodukten und Bauarten zu ihrem Brandverhalten – Teil 2: Klassifizierung mit den Ergebnissen aus den Feuerwiderstandsprüfungen, mit Ausnahme von Lüftungsanlagen. Österreichisches Normungsinstitut, Wien. 2016-11-01

[76] *ÖNORM EN 13964:* Unterdecken – Anforderungen und Prüfverfahren. Österreichisches Normungsinstitut, Wien. 2014-01-15

[77] *ÖNORM EN 14080:* Holzbauwerke – Brettschichtholz und Balkenschichtholz – Anforderungen. Österreichisches Normungsinstitut, Wien. 2013-08-01

[78] *ÖNORM EN 14195:* Metall-Unterkonstruktionsbauteile für Gipsplatten-Systeme – Begriffe, Anforderungen und Prüfverfahren. Österreichisches Normungsinstitut, Wien. 2015-03-01

INTERNET

[79]   *Anfang Akustikbau GmbH.* Münster (D).

[80]   *Betonson Betonfertigteile GmbH.* Moers (D).

[81]   *dataholz.com:* Fachverband der Holzindustrie – Berufsgruppe Bau. Wien (A).

[82]   *Franz Oberndorfer GmbH & Co.* Gunskirchen (A).

[83]   *Gnigler Metalldecken.* Innsbruck (A).

[84]   *GSP Spanndecken AG.* Bern (CH).

[85]   *Helmut Orschler GmbH.* Goldbach (D).

[86]   *Hoesch Bausysteme GmbH.* Scheifling (A).

[87]   *KLH Massivholz GmbH.* Katsch a. d. Mur (A).

[88]   *Knauf Ges.m.b.H.* Wien (A).

[89]   *Küffner GmbH – Kreativ in Aluminium.* Rheinstetten (D).

[90]   *Lindner AG.* Arnstorf (D).

[91]   *OWA – Oderwald Faserplattenwerk GmbH.* Amorbach (D).

[92]   *proHolz Austria.* Wien (A).

[93]   *Reindl Bau GmbH.* Mondsee (A).

[94]   *Schlüter-Systems KG.* Iserlohn (D).

[95]   *Schöck Bauteile GmbH.* Wien (A).

[96]   *Springer BauMedien GmbH:* HeinzeBauOffice. Celle (D).

[97]   *Wienerberger AG.* Wien (A).

[98]   *Xella Porenbeton Österreich GmbH.* Loosdorf (A).

[99]   *Xella Trockenbau – Systeme GmbH.* Wr. Neudorf (A).

[100]   *ibh Dr. Heller Ingenieurbüro:* http://www.windimnet.de. Weimar.

Sachverzeichnis